ネウボラ フィンランドの出産・子育て支援

髙橋睦子
著

かもがわ出版

写真で紹介

neuvola
ネウボラは、こんなところ

（出産・子育て家族サポートセンター）

妊娠期から就学前まで、かかりつけの専門職（主に保健師）が、母子と家族全体をていねいにサポート。©Karoliina Kallio ／ Nokian Uutiset

妊娠したら最寄りのネウボラへ。

健診にはお父さんも参加。©Riitta Supperi

ネウボラでは、個別の対話・面談を重ねていきます。©Antero Aaltonen

健診時に乳児の計測に使う機器。

予約の順に名前を呼ばれて入室します。

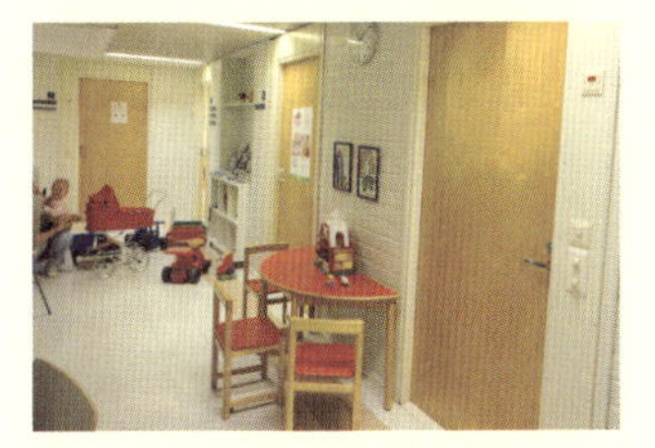

廊下で待機するあいだも、子連れでの来所者がリラックスして過ごせます。

あたたかな雰囲気の子どもの遊び場を兼ねたロビー。

はじめに　さまよえる日本で、出産・子育て支援を考える

今日のフィンランドでは、ネウボラは出産・子育て支援に欠かせない地域拠点・制度として定着・浸透し、その存在や役割は、すでにあたりまえになっています。そのためか、フィンランドの人たちにネウボラのことをたずねると、きょとんとしたような表情で首をかしげます。どうしてネウボラのことを知りたいのか、すこしも特別なものではないのに、と。

一方、日本ではここ数年、ネウボラへの関心が高まりつつあります。メディアや行政関係者から、ネウボラについての問い合わせや取材があったり、新聞やテレビでもネウボラが紹介されたりするようになりました。こうした背景には、日本での子育て・仕事と家庭の両立・虐待予防などの問題意識が感じられました。取材する方々ご自身も、子育てと仕事のはざまで苦労された実体験があるか、あるいは、自分の人生設計で職業キャリアと子育てをどう位置づけるかを思案中といった印象でした。子育てや家庭と仕事の両立は、私事として個人や家庭の「自己責任」だけに帰する問題ではない、社会問題としての認識の広がりがうかがえます。

少子化そのものは、日本にとって目新しい現象ではありません。1970年代から合計特殊出生率は低下し続けてきました。1989年の合計特殊出生率1.57が「ショック」と呼ばれた1990年以降、エンゼルプランなど数々の施策がありました。しかし、少子化には歯止めがかからないまま、20年以上が過ぎています。

少子化という現象の呼び方をどう変えてみても、よさそうにみえる対処の「手法」の情報を外国から集めてみても、特効薬がすぐにみつかることはないでしょう。表面的な手法を追うのではなく、乳幼児の発達、愛着形成、親子関係といっ

た子どもの成長・発達の基本を「考える」作業に、正面から取り組まなければなりません。

ところで日本では、長らくフィンランドについての情報は稀少でした。2000年代前半のPISA（OECD生徒の学習到達度調査）をめぐる日本国内の議論で、フィンランドは世界のトップランクだった時期には大いに注目されました。フィンランドの学校現場への日本からの視察ツアーが急増し、現場が対応しきれなくなった時期もありました。しかし、PISAでの世界一の座は東アジアに移っていき、日本の教育界でのフィンランド・ブームも静まっていきました。

フィンランドに関する日本語での情報が格段に増えたという点では、PISAもよいきっかけでした。けれども、テストでよい点数を取るにはどうすればよいか、といった日本の発想そのものを見直すことにはつながらなかったようです。

フィンランドについては、学校教育が給食も含めほぼ無料で、納税者にとって大きな再分配・還元の仕組みであることや、貧困の世代間連鎖の予防にも有用だといった社会的公正・公平の側面についての議論が深まる前に、PISA関連のフィンランド・ブームは過ぎ去っていきました。再分配・還元の仕組みの根本である「社会的公正・公平」について、日本社会での文脈で「考える」作業は今でも残された課題です。

それでも、社会・文化が違うのだから、他国の情報などは日本にとってあまり役には立たない、と一蹴してしまうのは早計です。日本の問題の核心に向き合うために、ネウボラのストーリーをもとに、「考える」作業をはじめていきましょう。

写真で紹介

ようこそ！
赤ちゃん

社会の祝福と歓迎のシンボル
育児パッケージ

育児パッケージは、妊娠後期になると、KELA（フィンランド社会保険庁）から支給される母親手当の選択肢の1つです。母親手当には、所得や国籍の制限はありません。

子ども1人につき、現金140ユーロ（約1万8600円）、または、育児パッケージ（約4万円相当のベビー用品）のどちらかを選べ、税金の還元も実感できます。

実用的で、毎年デザインも新しくなるので人気があり、年間約6万人の母親手当受給者のうち、約4万人が育児パッケージを選んでいます。

支給の要件は、180日以上フィンランドに定住し、出産ネウボラの妊娠証明書（妊娠154日、約5か月以上継続）で申請、4か月目までに妊婦健診を受けていることです。

（2015年版パッケージ）

日本での育児パッケージ巡回展（第1回2014年9月3〜7日）

育児パッケージ 展示オリジナル版 デザイン：Essi Huotari
日本語版制作：駐日フィンランド大使館、フィンランドセンター
会場設営：NPOここよみ
於：世田谷文化生活情報センター生活工房

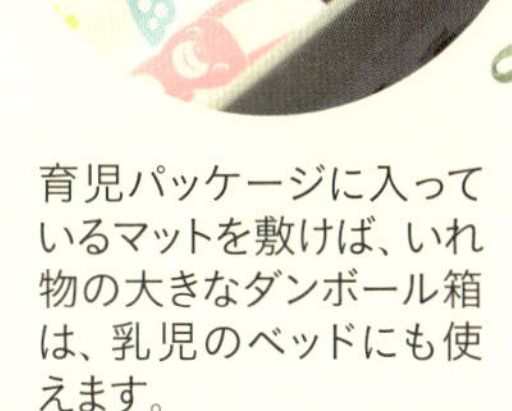

育児パッケージに入っているマットを敷けば、いれ物の大きなダンボール箱は、乳児のベッドにも使えます。

ベビー服、帽子、靴下、ほ乳びん、爪切り、ブラシ、オムツ、オムツカバー、絵本、避妊具など約50点・合計8キロ近くのベビー用品がぎっしり。赤ちゃんの世話とお母さんの健康へのこまやかな配慮の詰め合わせ。（2016年版パッケージ）

©Kela / Annika Söderblom

CONTENTS

1
キーワードでみる
ネウボラ

ネウボラとは

本章では、ネウボラのエッセンス――核心となる要素――を、いくつかのキーワードからとらえていきます。

「ネウボラ (neuvola)」とは「助言・アドバイスの場」を意味します。妊娠から就学前まで、かかりつけの専門職（主に保健師）が担当の母子および家族全体に寄り添い支える制度の名称であると同時に、子育て家族本人たちにとっては、身近なサポートを得られる地域の拠点でもあります。

ネウボラの特徴は、妊娠の初期から女性「全員」と専門職との個別・対面での対話を積み重ね、「妊婦全員」1人ひとりにていねいに寄り添うことにあります。本人（妊婦・親と子ども、家族全体）たちにとっては、ネウボラは、妊娠から就学前までの子育てについて、自分や家族のストーリーを切れ目なく知っていて、疑問や不安に応えサポートしてくれる専門職がいるワンストップの場所です。

この専門職は今では主に保健師で、地域の利用者たちは親しみをこめて「ネウボラおばさん」とも呼んでいます。彼女たちの仕事部屋は、ごく普通の個室です。来室する人たちがリラックスして話ができるよう、インテリア・内装はなごやかな雰囲気で、シンプルながら居心地のよい空間です。オフィス机・パソコン、椅子、書類ファイル棚、計測器（赤ちゃんの体重測定、妊婦健診での体重・血圧測定など）が備えられていますが、特別に高価な機材や設備はありません。

ネウボラでもっとも大切なのは人材、つまり、さまざまな妊婦や家族を受けとめ支援し、必要に応じて他職種や地域の民間グループなどとも連携する専門的な技能・力量をもつ「人」です。

ネウボラ（neuvola）の日本語訳●出産・子育て家族サポートセンター

本書では「出産・子育て家族サポートセンター」という訳を提示し、本文では、「ネウボラ」と表記しています。

翻訳は、原語になるべく近く、訳語としても不自然さが少なくというバランスの追求です。直訳では「相談（neuvo）の場」、「ネウボラ」だけでは伝わらない、このもどかしさが軽減されることを願っています。

「出産ネウボラ」と「子どもネウボラ」

妊娠期から出産直後までの期間に対応するネウボラは、フィンランド語では、*äitiysneuvola*（英語ではmaternity clinic）と呼ばれます。文字通り表現するなら、母性／妊婦／妊娠期ネウボラなどと呼べるかもしれません。しかし、実際には、ネウボラの利用者そのものが、妊婦や胎児・新生児だけでなくその家族全体へと拡大しています。このような近年の実情をふまえ、本書では、「出産に向けて妊婦と家族を支援するネウボラ」という意味で、このネウボラを「出産ネウボラ」とします。また、出産ネウボラの次の段階、産後から就学前までの期間の母子と家族を担当するネウボラは、*lastenneuvola*（英語では主にchild health center）と呼ばれています。本書では、「乳幼児の成長・発達、母親の心身の健康、家族全体の関係性と生活の安定を支援するネウボラ」という意味合いで、「子どもネウボラ」とします。

このほかにも、全員対象でなく、特定の人たちに対応する「家族ネウボラ」などがあります。こうした対象限定のネウボラについても後述します。

５つのキーワードでとらえるネウボラ

次の５つのキーワードに沿って、ネウボラを紹介していきます。

妊娠の届け出：大切な最初の一歩

全員対象：困る前につながる

個別対応：１人ひとりとの対話・面談

かかりつけの担当者：継続して信頼関係をきずく

専門職：サポートの質の保証

妊娠の届け出 大切な最初の一歩

フィンランドでは､妊娠を知った女性はまず地元のワンストップである「ネウボラ」に保健師（または助産師）との面談の予約を取ります。初回は電話での受付ですが、その後の時間予約については、電話が混みがちでつながりにくい都市部を中心にインターネット予約もできるようになりました。本人にとって使いやすいサービスへの工夫と改善が続いています。[1]

日本では、妊娠届を地元の市町村自治体の窓口に提出し、母子健康手帳が交付されます。フィンランドの場合、この窓口はネウボラです。妊娠届の窓口にやってくる女性たちの気持ちや事情は、それほど単純ではないかもしれません。窓口の最初のコンタクトの大切さをどのくらい認識できているでしょうか。

仮に望まない妊娠であるとしたら、紋切り型に「おめでとうございます」と受付窓口で言われ、凍てついた気持ちでその場を立ち去ることになるでしょう。逆に、念願かなっての妊娠で窓口に来ているのに、事務的なそっけない対応だけで誰にも気持ちを受けとめてもらえないまま、ただ書類を渡されて窓口を去ることになるかもしれません。こういったことはネウボラではありません。

2章で詳しく述べるように、出産ネウボラでは、しっかりと時間をかけて初回の面談／健診が行われます。妊婦本人の気持ちに寄り添い、「あなたのサポーターです」というメッセージを伝えます。その後の信頼関係をきずいていくうえで、この最初の一歩が、妊婦本人と専門職の双方にとって非常に大切です。

日本の母子健康手帳は、妊娠期から就学前まで、とくに子どもの成長・発達・予防接種の記録として国際的にも高く評価されています。その一方、母親の心身の健康状態や家族関係、世帯の経済状況など、子どもの健康以外の事柄については、母子健康手帳の対応の外に取り残されがちなのが実情です。出産ネウボラで妊婦に配布しているのは、主に母親手帳と子ども手帳。シンプルですが、母親と子どもにそれぞれ別に対応しています。子どもの成長・発達とともに、母親にも関心を向けているというネウボラからのメッセージでもあります。

全員対象 困る前につながる

なぜ出産・子どもネウボラは全員を対象にしているのでしょうか。それは、「困ったら来てください、相談にのりましょう」というのでは不十分で、手遅れになりがちだからです。問題が進行してからでは、人間関係や生活面でのつまずきからの回復は非常に困難です。「困ったら」「困ってしまってから」では、すでに困りごとは雪だるまのようにふくれ上がっているかもしれません。あるいは、「困った」と名乗り出られる人は、実はまだそれほど深刻な状況には至っていないかもしれません。困りきっている人は、もう動けなくなってしまっているかもしれません。漠然とした不安から緊迫した状況まで、困っている程度や内容はさまざまですが、本人にとって気になること——それが第三者からみれば取るに足らないかのように見えても——を受けとめる人・場所が、本人に利用しやすいように用意されているかどうかが大切なポイントです。

妊娠中、出産前後、乳児期、就学前にかけて、子育てをする家族の暮らしにおいて、どこかつまずきや問題があるのか、リスクはなにか、早期発見・早期支援という表現は日本でも近年よく使われるようになりました。なんらかの問題がすでに誰の目にも明らかになっている状況では、事後の支援や対応が主になり、重篤な事態になればなるほど、さらに多様な専門職が関わることになります。

たとえて言えば、火煙が上がっているのを見つけてから現場に駆けつけるのでは、火災はすでに発生してしまっているということです。火種の時点で予防できていれば、煙も火の手も上がらずにすんだかもしれません。火種は小さく見つけにくいかもしれませんが、どうすれば見つけ出せるでしょうか。問題、危険、リスク——これらが気になって仕方がない支援の現場では、とかく「問題」探しに関心が集中しがちです。問題のありかを一刻も早く探そうとする支援の専門家たちの姿勢が空まわりしてしまうと、親本人は萎縮し相談しにくくなり、かえって問題の早期発見を難しくしてしまうかもしれません。

熱心な専門家が親本人から煙たがられてしまう理由の１つとして、本人との相互の信頼が不足していることがあげられます。このハードルを乗り越えるためのアプローチが、「全員対象」かつ「個別」の健診・対話の積み重ねです。誰もがみな行く場所、誰もが面談する人として定着すれば、問題のある人だけが関わる場所としての後ろめたさはなくなります。

専門職の人手は限られていることを念頭に置き、問題のあるケースに絞り込んで対応するという支援対象の「選別・特定」を重視する考え方そのものに異議を唱える人はいないでしょう。問題は選別・特定のタイミングとアプローチの仕方です。

親子のいずれか、あるいは、両方の生命すら危機的な状況が発覚してから、問題として「特定」され専門職が関わることは、「結果からの絞り込み」です。これに対して、問題の萌芽・予兆の段階から、専門職が情報を得ている場合には、問題・リスク対応への「スタンバイ」態勢のもとでの絞り込みになります。結果からの絞り込みと、スタンバイでの絞り込みとでは、支援の効果や本人たちの回復・立ち直りの見通しは大いに違ってきます。

個別対応 1人ひとりとの対話・面談

「身なり、経済的な状況や社会的な地位がどのようであっても、とにかく直接会って話してみなければ、本人たち（妊婦・母親、乳幼児、家族全体）の状態はわからない」――これはネウボラの保健師たち自身の言葉であり、ネウボラでの健診の基本です。この考え方をふまえての具体的な手法は、「全員対象」で「個別」に妊娠期から継続的にサポートする体制となります。誰もが行くところであれば、誰も肩身の狭い思いをせずにすみます。ソフトな形での問題やリスクの察知・特定の手法ともいえます。

フィンランドのネウボラが、1人ずつ、1家族ずつ個別に対応することが、日本の今の感覚では、ていねいすぎるようにみえるでしょうか。出産を控えて複数のカップルが集まる親学級は、フィンランドでも実施されています。さらに、それとは別に、ネウボラの定期的な個別健診で回を重ねていきます。1回30-40分（大切な節目では1回50-70分）、ネウボラが個別に対応するのは、1人・1家族ごとの状況や支援のニーズを的確に把握し支援の質を高めることが主な目的です。妊娠期から子育てへと一歩一歩進もうとする本人たちに寄り添うことを重視しているともいえます。

かかりつけの担当者 継続して信頼関係をきずく

担当者がたびたび替わり、担当者間の申し送りもほとんどないとしたら、そうした相談支援サービスについて、利用者たちはどう感じ、思うでしょうか。近年のフィンランドでは、出産ネウボラと子どもネウボラとが、「出産・子どもネウボラ」として一本化されていく傾向がみられます。連結したネウボラであれば、最初の健診・面談セッションでの担当者が途中で替わることはほとんどありません。従来どおりの、出産ネウボラと子どもネウボラとの区切りがある場合は、出産ネウボラでの担当者は助産師または保健師で、子どもネウボラへ移行する際には担当の保健師へ、利用者本人とその家族の状況についての申し送りがあります。

妊婦やパートナーがネウボラでの「かかりつけ」保健師（または助産師）とのやりとりで話す内容は、日常生活の多様な側面に関することであり、継続した対話が途切れないことで、利用者本人にも専門職にも双方にメリットがあります。本人たちも専門職も、前回までの話を共有し、さらに対話を積み重ねていくことで、その後の不安・悩みごとや問題・リスク要因の把握や対応がスムーズになります。

このような、問題・リスクの早期発見や支援においての対象や目的の特定・焦点化との関連でも、「同一の担当者」を基本にすることには大きな意味があります。ほとんど初見で、以前にどのようなやり取りを誰としていたか、情報がほとんどないか限られている状況では、専門職にとっても、どのあたりに問題・リスクがあるのか・ないのか、どのような接し方や話し方がよいのか、仕事のハードルが高くなりがちです。また、本人としても、担当が替わるたびに何度も同じような話を最初からしなければならないのでは、困難を事細かに語ることがより大きな負担に感じられ、おざなりの表面的な会話に留まるか、沈黙してしまうかもしれません。
「なぜ、同じ担当者でないといけないのか。なぜ、担当者が交替してはいけないのか」という質問そのものが、本人たちを中心に据えて支援制度を組み立てる発想に至っていないことを示しているといっても過言ではないでしょう。制度が提供する支援に合わせて、本人たちが自己責任で動く、という構図をあたりまえと思っているとすれば、「同じ担当者」という発想はショッキングに聞こえるかもしれません。

しかし、ネウボラの発想にふれたことを機に、日本でも、本人たちの不安・困りごとや悩みをしっかりと受けとめるためにはどうすればよいか、本人の立場から考えてみることが重要です。本人にしてみれば、自分に寄り添ってくれる専門職の顔ぶれが変わらないことだけでも心強く思え、信頼が高まるはずです。

同じ担当者が、医療面での健康診断だけでなく、生活面での支援の一環として母親手当など社会保障に関する手続きや助言、地域での子育て支援活動を行っている民間グループの情報提供まで、1つの窓口として責任をもって本人に寄り添うことで、支援者側にとっても効率的であり、本人も安心できます。

ネウボラでの「担当者が同一・ほぼ変わらない」ことは、本人にとっての選択への制限ではありません。選択の発想の背景には、選好・相性だけでなくむしろ専門職の技量のばらつきが関係していると考えられます。ネウボラは、担当者の専門的な技量の水準にほとんどばらつきがなく、誰もが行くところだという認識が定着しています。都市部の方が地方よりも、お金持ちの家庭がそうでない家庭よりも、よりよいネウボラを利用しているかもしれない、といった不公平感は生じにくいのです。どこで暮らしていても、ネウボラの健診・相談支援サービスが無料で利用でき、個別に同じ専門職が担当するという基本的な枠組みは全国共通です。制度に対する信頼は長年のネウボラの実績に裏打ちされています。

日本でも、健康への予防的なアプローチとして「かかりつけ医」が奨励されてきました。しかし、実際には、医師や病院が多い都市部を中心に、ドクター・ショッピングという現象が容認されています。民間の病院やクリニックが提供する医療サービスの質にばらつきがあるのか、インターネット社会の口コミ情報とともに医療サービスへの期待の水準が上がっているのか、選択の余地について患者側の情報が偏りながらも増えているためなのか、「漂流」の原因はさまざまでしょう。住む地域によっては、選択の余地が限られているか、選択肢などほとんどないところもあります。

専門職 サポートの質の保証

対話を重視するネウボラでの健診について、なぜ保健師、あるいは助産師といった専門職を充てるのでしょうか。

主な根拠は、妊婦・母親と胎児・乳幼児のリスク予防、とくに、乳幼児の発達を把握する専門的な技量と支援の質の保証にあります。身体面・精神面の乳幼児の発達との関連で、生育環境・家族関係を的確に把握することは、ネウボラの機能として非常に大切です。しっかりと個別の面談を重ね信頼関係を築き、乳幼児たちの発達や母子愛着が健全であるかどうか、生育環境に大きな影響を及ぼす家族関係の状況といったデリケートな側面をサポートするために、専門職が配置されています。発達検査も予防接種もネウボラで行われます。

ネウボラの保健師（助産師）たちは、母子保健の専門職教育・継続研修で鍛え上げられてきた専門職であり、子育て家族がどの地域で暮らしていようとも、同等の健診・相談支援を行っています。面談・対話と聞いてたちまち、そこまで専門職は関われないという発想は、母子とその家族の支援ニーズを的確に把握するための、臨床家の専門的な技能としての「対話・傾聴力」「観察眼」「判断力」「連携力」の意義が、いかに十分に理解されていないかを示唆しています。

面談――当事者の話を聴くくらいならば、少し研修を受けたボランティアで対応できるだろう、という考え方も、日本では不自然ではないように聞こえます。愚痴や心配ごとの相談相手などは、守秘義務さえ守れれば地域のボランティアに委ねればよいのではないかと、日本の感覚では捉えられるかもしれません。ネウボラの保健師のような母子・子育て家族の支援に特化した専門職を育成・配置してこなかった日本の実情を物語っています。

一方、日本でよく言及されるボランティアは、フィンランドでも多様です。個人からグループ、組織化の程度、動機についてそれぞれに独自のよさと役割があります。親・養育者同士のつながりから支え合いの活動グループへと展開することもあります。ただし、ボランティアに支援の担い手の役割を期待する発想が、どのくらい現実的で、親・子育て家族本人たちからすればどう受けとめられるのか、都市部や地方部、それぞれの地域によってかなり異なっています。

ネウボラで妊婦や母親・家族に寄り添う専門職は、一見、どこにでもいる普通の人のような物腰でありつつ、多様な利用者たちの話を傾聴し、利用者本人の目線に近づく対話を大切にしています。決して、上から目線での指導や判断を押しつけたりはしません。

ネウボラの職務に特化した専門職の継続研修の方向性や内容は、2章と3章でさらに深くみていきます。

● 注

1　個人情報保護のため、インターネット予約には事前の登録を必要としている自治体が多い。ネウボラのネット予約の一例として、タンペレ市の場合、出産ネウボラでは22-24週と26-28週の妊婦健診、子どもネウボラでは1-6歳の幼児の健診や予防接種についてネット予約が可能であるが、個人情報保護のため事前にネット登録が必要である。
http：//www.tampere.fi/terveyspalvelut/sahkoinenasiointi/terveyspalvelut/ajanvarausneuvolaan.html

2

支援の現場と実際

健診・相談支援の拠点としてのネウボラは、出産を控えた人や就学前の子どもの親たちがみんな行くところです。今日、ネウボラは全国におよそ800か所あり、ほぼ100%の全妊婦・全児健診[1]を達成しています。では、実際に、出産・子どもネウボラでは、どのような活動が行われているのでしょうか。本章では、支援の現場としてのネウボラに焦点を絞って紹介します。

出産ネウボラ ● 妊娠・出産、親になる助走期間へのサポート

妊娠に気づいたら——ネウボラとの出会い

通常、地元のネウボラにはじめて行くのは妊娠を知ったときです。フィンランドでは、妊娠の兆候を自覚した際には、市販の妊娠検査キットを自分で購入して確認することが一般的です。あるいは、本人が希望すれば、民間の産科クリニックに行って妊娠を確認することもできます。ネウボラでの妊娠の確認を希望すればそれも可能であり、ネウボラで妊娠検査キットを無料で得られます。

およそ38～40週にわたる妊娠期間、出産ネウボラでの定期健診は、初期は1か月に1回、第28週からは2週間に1回、35週からはほぼ毎週といった頻度です（**表1**）。出産ネウボラは、妊娠期から出産直後までの時期を担当し、その主なスタッフには、妊婦や家族とのコンタクトがもっとも多い保健師または助産師のほかに、医師や心理士が含まれます。このネウボラでの健診回数は、順調でリスクの低い場合についての定期健診を基本とした最低限の基準です。個別の妊婦・胎児のコンディションによって、実際の健診回数には10～15回の幅があります。経過に懸念が生じた場合や病気や依存症をともなっている場合などには追加の検査や健診が行われ、医療リスクへの対応では医療機関（出産予定の地域の病院）とネウボラとの連携が重要です。[2]

表1● 出産ネウボラの主な活動（ヘルシンキ市）

健診回	担当	妊娠週	対象者
1	保健師（1）	8～10週	妊婦
2	保健師（2）	13～16週［総合健診］	妊婦および 父親／パートナー
3	医師［1］	16～18週［総合健診］	妊婦および 父親／パートナー
4	保健師（3）	22～24週	妊婦
5	保健師（4）	26～28週	初産婦のみ
6	保健師（5）	30～32週	妊婦
7	医師［2］	35～36週	妊婦
8～10	保健師（6～8）	37週以降2週間に1回 必要な場合は毎週	妊婦
11	保健師（9） 家庭訪問	産後1～2週間以内 遅くとも産後1か月まで	妊婦と新生児
12	保健師（10） 医師［3］	産後5～12週以内	妊婦と新生児

1 定期健診
- 担当のカッコ内の数字は、保健師・医師それぞれの担当回を指す。
- 表での健診回数は定期健診（最低限の頻度）であって、状況に応じて追加される。
- 総合健診は、妊婦だけでなく父親／パートナーを対象とする。

2 妊娠期の検査（超音波診断など）
3 親教室
出典：Helsingin kaupunki (2015a) より著者訳出。

保健師の配置基準――多分野の専門職との連携

専門職の人員配置については、出産ネウボラでは妊婦80人に対して保健師（助産師）1人、妊婦800人につき医師1人とするよう国が規定しています。後述する「子どもネウボラ」では、子ども340～400人に対し保健師1人、2400～2800人の子どもに対し医師1人という配置です[3]。出産ネウボラと子どもネウボラに来所する妊婦・母親・家族がどの段階にあり、また、どのような状況かはそれぞれ異なります。

最初から生活習慣・健康面でのハイリスクが明らかな場合には、出産ネウボラからの紹介で、院内ネウボラがより専門的なサポートを行います。たとえば、ヘルシンキ大学病院（高度専門医療機関）の産科には院内ネウボラがあり、アルコール・薬物依存などのハイリスクに特化した助産師が対応しています。

妊婦とその家族へのサポートに関わるのは、出産ネウボラだけではありません。状況に応じ、出産ネウボラを介して、管理栄養士、リハビリ・セラピー専門職、あるいはソーシャルワーカーの支援につながることができます。ワンストップであるネウボラを経由して多職種の支援につながることには大きな意義があります。利用者があちこち異なる部署に行き、そのつど、はじめから同じ内容の説明をくり返さなければならないという徒労感から、支援そのものへの信頼が損なわれてしまうおそれもあります。かかりつけ担当者が切れ目なく受けとめることで、こうした残念な事態の多くを回避できます。

支援のメニューが細分化される一方、いつ・どこで・どのようなサポートが受けられるのか、迷子にならずにすむのなら、利用者たちは不安の霧中に置き去りにされず安心できます。妊婦が不安にかられ情報や支援をもとめてかえって混乱・疲弊してしまい、不信感・不安をため込んでしまうといった悪循環を避けることができます。

支援が多様化・分散化した結果、かんじんの利用者本人には届きにくくなっているかもしれません。このような支援へのアクセスの課題を意識した利用者中心の仕組みは、利用者のためだけでなく、専門職の支援をより適材適所に充てるという意味で真の効率化にもなりえます。ネウボラは、ワンストップ支援拠点として利用者の個別の支援ニーズを把握しますが、それによってより高度の専門的な支援の需要が増えるとはいえません。支援ニーズを掘り起こすことで対応・支援の業務が増大するのではないか、と懸念されがちですが、実情はむしろ逆です。ネウボラの定期健診で保健師や助産師に直接会って対話することで、利用者たちの不安の大半がその場で解消されていくといわれます。[4] 対話については第3章で説明します。

健診の目的——健康維持、家族関係・生活の安定

出産ネウボラでの健診の目的は、妊娠の確定や医療面での早期リスク予防や健康管理だけではありません。利用者それぞれの家族関係や子育ての見通しなどをしっかりと把握します。誰が身近で子育てをサポートしてくれそうか、期待や不安に思っていることをていねいに聴き取り対話すること、妊娠中期からの親教室への参加案内、さらに、社会保障についての情報提供・申請手続きの助言をも含みます。一連の健診は数多くの項目をカバーしますが、当然、一度にすべての情報を提供するわけではありません。段階に応じてそのつど、その利用者本人が必要と感じている情報やアドバイスを提供していきます。

第1回目の面談では、50～70分程度の時間をかけ、妊婦の心身の状態とともに、妊娠期や子育てにおいて妊婦・母親が誰の協力・サポートを得られるか、カップル・家族関係の状況と合わせて把握します。初回には、妊婦や子の父親の健康状態についての問診票（出産ネウボラ）と、個人情報票（出産ネウボラと出産予定病院共用）を持参します。[5] 保健師または助産師が、妊娠初期から利用者との信頼関係の基礎を築くことで、ネウボラは、出産・周産期を経て乳幼児期、就学前までの期間を一貫して伴走・支援し、子育て家族にとって、もっとも身近で頼りになるアドバイザーとなります。ネウボラは、実家の親たちよりも頼りになる存在ともいわれています。

また、ネウボラは、妊婦だけでなくパートナー（子どもの父親）とも関わりをもちます。初回（妊娠9～10週目）にカップルそろって出産ネウボラに

来所することが奨励され、総合健診は家族全員が参加します。ネウボラ通所のためにパートナーも自身の職場に休みを申し出ることになりますが、妊婦の場合と同じく、職場もそれを普通なこととみています。

総合健診――家族全体への支援

「総合健診[6]」は、妊娠期には出産ネウボラで保健師（助産師）と医師とが協力して1回実施することになっていて、パートナー（父親）の同席が求められます。総合健診は、妊婦だけでなくカップル・家族全体の心身の健康への支援を目的として、2011年に法制度化され、出産ネウボラでは1回、子どもネウボラで3回、計4回行われています。総合健診の法的根拠は法令[7]に明記され、内容も同法令第7条に定められています。ネウボラから「総合健診への案内」が自己チェックシートとともに送られてきます。このチェックシートは、家族の健康状態、カップル関係、子育て・親になることについての思いや見通し（期待・不安）、生活状況、経済状況などをカバーしています。

ただし、これは調査研究のためのアンケート調査の質問紙ではありません。本書で紹介したことで日本の現場で誤解や混乱が生じないよう、このチェックシートは調査のためのものでも、一問一答方式でカップルを詰問するためのものでもないことを重ねて強調しておきます。あくまで、ネウボラでの対話のきっかけづくり、話題提供の一助として用いられます。ネウボラでの担当者（保健師や医師ら）にとっては、妊婦だけでなく、カップルでの面談から得られる情報――語られることだけでなく、雰囲気やようすは貴重です。

親教室――さまざまな家族に対応

親教室も出産ネウボラを通じて案内があり、カップルでの参加がごく普通の風景です。ただし、はじめから「ひとり親」を選ぶ人もいますし、異性カップルだけとも限りません。まだ公にカミングアウトしている数は少なくとも、カップルは同性でもあり得ます。子育て家族がどのような形態・構成かという点では、家族そのものの多様化が進むなか、ネウボラの専門職には近年ますます柔軟な対応が必要になっています。

親教室では、分娩や新生児についての基礎知識、新生児の健康管理･沐浴、産後の母体のコンディションなどについての講習が主な内容です。こうした親教室は赤ちゃんの誕生を待つ人たちを複数集め、グループ・セッションとして実施されることが一般的です。人口規模が比較的大きい自治体では、親教室をネウボラ以外の場所で行っているところもありますが、それでもネウボラを通じて親教室につながっています。

妊婦とパートナーのためのガイドブック『赤ちゃんがやってくる！』

ネウボラでは、妊婦とそのパートナー向けの『私たちのところに赤ちゃんがやってくる：妊娠期と赤ちゃんのケアについてのガイドブック（*Meille tulee vauva - Opas vauvan odotukseen ja hoitoon*）』という冊子も無料で配布されます。これはフィンランド社会保健省（THL：国立保健福祉研究所）が編集・出版し、執筆時点までに 29 版を重ねています。[8] 100 ページ余の小冊子に、妊娠期、お産、親になること、赤ちゃんの世話、子育て家族のための支援サービスと社会保障について､ポイントを押さえわかりやすく説明されています。自治体によっては簡易版を作成・配布しているところもあります。

この冊子では、女性・母親はもちろんのこと、妊娠期に男性・父親が感じるかもしれない不安――よい父親になれるだろうか。子どもを養っていけるだろうか。自分の自由な時間はなくなってしまうのだろうかなど――への配慮が盛り込まれています。また、妊娠期から子育て中の家事について､「パートナー（父親）の役割は、家事の補助や手伝いではなく、家事を積極的・主

表 2●『私たちのところに赤ちゃんがやってくる』項目リスト

妊娠期	妊娠の進行、妊婦特有の症状、妊婦の栄養、妊娠中のリスク、体を動かすこと、母親・父親になるということへの準備、カップル関係、出産ネウボラでの妊婦健診、自宅や職場での準備、赤ちゃん用品の準備
出産	出産への備え、帝王切開、分娩のはじまり、分娩の経過、陣痛と痛みの緩和、分娩の直後、分娩からの回復
赤ちゃんのケア	産後から1か月まで、授乳、清潔さ、赤ちゃんの睡眠と寝かしつけ、赤ちゃんの成長と発達、赤ちゃんを育てる家庭の日常、赤ちゃんの安全、離乳食の開始、赤ちゃんの病気、乳幼児のケアの準備
子育て家族への支援サービス	出産·子どもネウボラ、福祉センター、市町村自治体の保育（幼児デイケア）、民間組織の支援サービス、特別な場合（養子など）
子育て家族のための社会保障	子育て家族対象の社会保障

出典：THL (2015) をもとに著者訳出・作表。

体的に行うこと[9]」とはっきりと書かれています。家事の負荷が妊婦・母親に偏りがちなことへの注意喚起であり、家事をシェアしてカップルが互いに支え合うことが奨励されています。

表 2 に小冊子の項目をまとめてみました。全体の流れがわかりやすく示され、リスク管理についても要点を押さえています。それでも読み手である妊婦らに無用の不安をあたえないように、「詳しくはネウボラで」と、方向づけられています。この小冊子に目を通せば、これから自分やパートナー・家族がどのような変化を体験するのだろうかイメージしやすくなります。そのうえで、それぞれ自分自身の心身のコンディションや事情から思い浮かぶ具体的な疑問や心配事は、ネウボラで直接に専門職に話して受けとめてもらい対話によってほぐしていくことになります。

病院・医療機関との関係

ネウボラは母子保健を中心としつつ、医療、心理、栄養管理、社会福祉、保育、学校（義務教育）、各種のリハビリ専門家などの他職種とも連携し、地域の民間の子育て支援グループとも協力しています。1人ひとりの利用者にとっては、かかりつけとして妊娠期から就学前まで伴走してくれる専門職（主に保健師）は「ネウボラの顔」です。顔が見えるだけでなく、ほぼ変わらない一貫したサポートの仕組みです。

ところで、日本での感覚からすると、産科医はフィンランドではどのような位置づけなのだろうかという疑問もわいてきます。フィンランドでは、妊婦が患者として通院して産科医の診察を受けるのではなく、ふだん通っているネウボラで産科医による健診を受けます。ネウボラでの定期健診のうち、産科医は、産前2回（妊娠第16～18週と第35～36週とに1回ずつ）[10]、産後1回の計3回を担当します。産前の産科医の健診で超音波診断が行われます。この産科医は特定の曜日・時間帯に出産ネウボラを巡回していて、医師としての健診を担っています。妊婦が行くところはいつものネウボラで、そこに医師がやってくるのです。

妊婦健診すべてが産科医を中心に実施されていないからといって、妊婦・胎児の医療的な健康管理がおろそかにされているのではありません。医師が軽んじられているのでもありません。医師以外によるネウボラでの健診時、妊婦や胎児のリスクについては医療との緊密な連携が行われています。健診以外のタイミングでも妊婦自身からネウボラに、直接または電話・メールなどで連絡・相談があれば、医療面でのリスク対応のために最寄りの病院（地区所管の公立病院）に随時、つながります。

日本でも医療機関での産科診察や定期健診の問診は個別で、問診には助産師や看護師がよく関わっています。しかし、担当がはっきり決まっていると

表 3●妊娠期の医療検査

●妊婦：血液検査
●胎児：妊娠初期の一般検査（超音波診断）、10 ～ 13 週（19 週まで）に実施。また、任意により次の検査を受けることができる。
●染色体検査：初期に並行実施・9 週～ 11 週（17 週まで）およびNT：（11 週～ 13 週（19 週まで）または妊娠中期 15 週～ 16 週（22 週まで）
●成長確認の検査（超音波診断）：18 週～ 21 週（27 週まで）または 24 週以降。

●妊娠期の胎児を対象とする医療検査は、全国的な検査の一環として位置付けられており、法的根拠は健康法（Terveyshuoltolaki）第 23 条（法令の制定）に基づく、「検査に関する法令 Valtioneuvoston asetus seulonnoista」(2011 年) 第 2 条 3 項(妊娠中の検査)である。
http://www.finlex.fi/fi/laki/alkup/2011/20110339（アクセス 2015 年 9 月 1 日）より著者訳出。

は限らず、短時間で医療面での健康状況を把握することが主になりがちで、その病院やクリニック以外の他職種との連携体制は自治体によって異なっています。出産ネウボラの健診は、医療的な健康管理、たとえば、胎児の発達や妊婦の心身のコンディションの把握に加え、カップル・家族関係や生活面の課題にも目を向けます。ネウボラは地域の病院や福祉・保育などとの緊密な協力体制を通じて、妊婦全員のさまざまな健康・家庭・経済状況を把握し迅速に対応します。妊娠期の主な医療的な検査は**表 3** のとおりです。

こうした検査は、検査ラボ（出産ネウボラに併設の場合が多い）、あるいは病院で受けます。染色体検査をはじめとする任意の胎児検査に関しては、検査を受けるかどうかの選択、検査結果の受けとめかたも含めて出産ネウボラでの健診で保健師らが本人（妊婦やパートナー）をサポート・フォローしながら進めていきます。妊婦やカップルにとってセンシティブな局面を乗り越えていくうえでも、ネウボラは大きな支えになります。

また、ネウボラでの個別の健康維持・早期リスク予防は、医療面に限定されません。医療面を含め、生活・家族関係のゆらぎにこまやかに対応しようとする点がネウボラの特徴です。近年、子ども虐待リスク軽減についての関心が高まり、ネウボラは、子ども保護セクター（社会福祉）、保育園・学校および地域の民間団体との協力関係を尊重し深めています。

さまざまなバックグラウンドをもつ利用者を迎えるネウボラでは、リスクや問題への対応を担当者１人だけに委ねてはいません。利用者から見れば担当者は１人の「かかりつけ」ですが、その担当者はネウボラの組織内では専門職チームの一員です。同じネウボラに勤務しているほかの保健師たち、医師、心理士などから成るチームが、気になるケースの問題やリスク、本人や家族への支援の選択肢について情報共有します。ネウボラでは、専門職としての継続研修に加え、組織的なバックアップがあってこそ、直接に利用者に向き合い、利用者とその家族への伴走ができるようになります。

出産の場所――希望の尊重と情報提供

フィンランドでは、出産の場所は、ネウボラではなく主に病院ですが、本人の希望で自宅など病院以外の選択肢もあります。大半の場合、本人が住んでいる自治体を管轄する公立病院で分娩しています。分娩費用は無料です。日本にみられるようなゴージャスな、民間の有料産科医院はほとんどありません。

本人がどこでどのようなお産をしたいか、自宅か病院か、普通の分娩か水中分娩かなど、陣痛の緩和処置を含め、妊婦の希望はなるべく尊重されます。出産ネウボラでの定期健診と並行して、出産の場所を決めたら、その病院へのオリエンテーションもあります。これまでは病院の産科病棟を事前に実地見学することが一般的でした。最近では、首都圏を中心に、産科病棟をバーチャルツアー[11]としてインターネットから見られるようになりました。医療スタッフが病棟での本務に専念できるよう、そして、出産を控えた妊婦やその家族にとっても都合のよい時間帯・タイミングで産科の様子を映像で確認できるよう、情報提供の工夫が続いています。

日本との大きな違いの1つとして、分娩後の入院期間の短さがあげられます。これはフィンランドをはじめとする欧米の傾向ですが、正常分娩であれば初産でも出産後から数日中に赤ちゃんといっしょに自宅に戻ります。そこからはカップルが協力して子育てが始まります。「里帰り」出産は日本でも減ってきていますが、フィンランドでは、ほぼ皆無に近いでしょう。カップルが出産を経て親になっていく時期、カップルの親や親族は可能な範囲で手伝うことはあります。しかし、出産のために妊婦が一時的にパートナーのもとを離れて実家に移り、産後しばらくしてからもどってくるという日本の慣習は、フィンランドでは奇異に思われるでしょう。

出産直後の家庭訪問——かかりつけの保健師／助産師が訪問

出産ネウボラの保健師や助産師は産後まもない時期の家庭訪問で、担当の妊婦と新生児の心身の健康状態や居住環境を把握します。この家庭訪問は全戸対象で、タイミングは産後1～2週間以内、遅くとも生後1か月までとされます。この時期、とくに母親は出産直後の体調回復の途中で、赤ちゃんの世話にも日夜追われて疲れがち、時として危機的であるかもしれません。このように産後まもなくの家庭訪問によって、母親が赤ちゃんとネウボラにまで出向く必要もなく、母子本人の自宅で、赤ちゃんの世話や母親自身の心身のケアなどについて、相談にのってくれます。

全戸対象という点では日本の母子保健事業なども似ていますが、お互いにまったく顔も声も知らないまま、ある日、保健師や助産師その他の支援員などが自宅にやってくるという日本の「新生児訪問」とは大きく異なります。

家庭訪問の違いは、両国の制度のありかたの違いを浮き彫りにしています。

フィンランドでの家庭訪問では、妊娠期からずっと健診で面談を重ねてきたネウボラの担当者が、利用者の普段の生活空間を訪れます。出産前の家庭訪問は、個別の自治体が独自の方針として初産婦を主な対象として実施している場合や[12]、そうした方針がない（産後のみを基本としている）自治体でも、個別の利用者の状態・状況によっては実施することがあります。いずれにしても、家庭訪問までに利用者はすでにネウボラでかかりつけの保健師（助産師）と何度も会っています。

ネウボラの担当者にとっても、ネウボラでの健診だけでなく、家庭訪問で母子やその家族が普段どのように暮らしているのかを知ることは、より的確な支援を行うためにたいへん役立つとされます。あるネウボラ保健師は、インタビューで次のように語っています[13]。

> 「ネウボラでの健診で何回も面談して利用者の状況をそれなりに把握していましたが、家庭訪問によって一気に視界が広がり、霧がすっきりと晴れていくように、彼女（利用者）とその家族の日常の世界が見えてきたのです。ネウボラでの彼女のようすや語っていたことが、改めてストンと腑に落ちたように思えました。家庭訪問はネウボラのスタッフとしてもワクワクして臨むことが多いのです」

何か問題がないかどうかをチェックするための問題探しというよりも、母子やその家族が、普段どのように暮らしているのかを、よりよく理解する手がかりが得られる点で、家庭訪問はその後の健診・支援の質の向上につながります。家庭訪問が単独の事業ではなく、ネウボラでの継続的な対話の積み重ねとリンクしていることが、フィンランドの特徴です。

表4●子どもネウボラの定期健診（ヘルシンキ市）

健診回	担当	子どもの月齢・年齢	対象者
1	保健師（1）	1～4週	母、子
2	保健師（2） 医師［1］	4～6週	母、子
3	保健師（3）	2か月	母、子
4	保健師（4）	3か月	母、子
5	保健師（5） 医師［2］	4か月	［総合健診］母、父、子、きょうだい
6	保健師（6）	5か月	母、子
7	保健師（7）	6か月	母、子
8	保健師（8） 医師［3］	8か月	母、子
9	保健師（9）	12か月	母、子
10	保健師（10） 医師［4］	18か月［総合健診］	母、父、子、きょうだい
12	保健師（11）	2歳	母、子
13	保健師（12）	3歳	母、子
14	保健師（13） 医師［5］	4歳［総合健診］	母、父、子、きょうだい
15	保健師（14）	5歳	母、子
16	保健師（15）	6歳	母、子

●担当のカッコ内の数字は、保健師・医師それぞれの担当回を指す。
●この表の健診回数は、定期健診（最低限の頻度）である。
出典：Helsingin kaupunki (2015b) より著者訳出。

子どもネウボラ●出産後から就学前まで

就学前までの子どもの発達・子育て支援

赤ちゃんといっしょに自宅にもどってからは、いよいよ子育てが本格的にスタートします。子どもネウボラは、子どもの義務教育が始まるまで、出産ネウボラよりもさらに長い期間、乳幼児の世話・接し方、母親の心身の健康維持、母子愛着・関係性発達、子育て・親業、子どもの予防接種、発達検査、そして、家族全体の調和（家庭生活がしあわせであること）について、個別に具体的に直接のアドバイスやサポートをします。

ヘルシンキ市の子どもネウボラの定期健診を**表4**にまとめました。子どもネウボラ健診の特徴として、まず、生後6か月の期間をていねいにサポートしていることがあげられます。この期間、毎月の健診で保健師は母子それぞれの状況や相互の関係を観察し、親が必要とする助言や住まいの工夫などの実用的な情報提供をします。

就学に至るまでの道のり、子どもネウボラの活動内容をさらに詳しくみてみましょう（**表5**）。具体的な時間配分もこの表からわかります。乳幼児期のネウボラ健診では、普段の健診の積み重ねに基づいて、保健師と母親との信頼関係のもとで発達検査がていねいに行われます。たとえば、発話・発音でのつまずきなどはめずらしいことではなく、言語セラピストによるリハビリやトレーニングを受けられます。

乳幼児の発達の確認

子どもの発達が気になる場合に、親に過度のストレスにならないよう適切な対応ができるかどうか、ここがネウボラ保健師の専門的な技量がまさに必要とされる場面です。早期発見という専門職にとっての職務目標（ミッション）意識が先行し、乳幼児にもっとも身近な母親の緊張・不安を不必要に増幅させるような接し方は、ネウボラ保健師がまず避けることです。専門的なミッションを遂行してなんらかの早期発見はできるかもしれません。けれども、親の不安を強めてしまっては、その後の支援を円滑に進められなくなるおそれもあります。

表 5 ● 産後から就学前までのネウボラ健診の内容（タンペレ市）

					総合健診 1						総合健診 2				総合健診 3		
	生後 1-2 週	2-4 週	4-6 週	2 か月	3 か月	4 か月	5 か月	6 か月	8 か月	12 か月	15-18 か月	18 か月	2 歳	3 歳	4 歳	5 歳	6 歳
実施場所	家庭訪問（自宅）またはネウボラ	ネウボラ	ネウボラ	ネウボラ	ネウボラ	ネウボラ	ネウボラ	ネウボラ	ネウボラ	ネウボラ	ネウボラ	ネウボラ	ネウボラ	ネウボラ	ネウボラ	ネウボラ	ネウボラ
時間	60 分+移動時間	30 分	20 分	グループワーク	60 分	保 20 分 +医 20-40 分	60 分	30 分	20 分	60 分	60 分	20-40 分	30 分	60 分	保 60-90 分 +医 20-40 分	60 分	30 分
保健師	○	○	○	○	◎	◎ 20 分	○	○	○（同席）	○	◎	◎（同席）	○	○	◎ 60-90 分	○	○
医師	－	－	○	－	－	◎ 20-40 分	－	－	○ 20 分	－	－	◎ 20-40 分	－	－	◎ 20-40 分	－	－
（内容項目）																	
神経の発達	○	○	○	○	○	○	○	○	○	○	○	○	○	○ LENE	○ LENE	○ LENE	－
体重	○	○	○	○	○	○	○	○	○	○	○	－	○	○	○	○	○
身長+頭囲	－	○	○	○	○	○	○	○	○	○	○	－	○	○	○	○	○
視覚	－	○	○	－	－	○	－	－	○	－	○	○	－	○	○	○3	○3
聴覚	－	○1	○1	－	－	○1	－	－	○	○2	○2	○2	○2	○ MLS	○	○	○3
歯科	－	－	－	－	－	－	－	－	－	－	－	－	○	○	－	○	－
予防接種	－	－	－	R	DTaPä R, Pn	－	DTaPä R, Pn	－	－	DTaPä, Pn, MPR1	－	－	－	－	DTaP-IPV	－	MPR2
言葉の発達	継続的な観察・フォローアップ																
心理面の発達	継続的な観察・フォローアップ																
健康管理	継続的な観察・フォローアップ																
授乳	継続的な観察・フォローアップ（乳児期を中心に）																

●1　親／養育者へのインタビュー　●2　年齢段階に対応した発話・聴力の確認
●3　必要に応じて実施
●LENE 幼児の神経学的な発達状況を把握するために開発されたキット LENE を用いて実施
LENE 2 歳半から 6 歳の子どもの神経発達の検診キット（全国のネウボラの保健師が使用〈要研修〉、必要に応じて医師も利用）
●MLS Matkalaukkuseula という聴覚検診キット、タンペレ大学医学部小児聴覚センターとタンペレ市が共同開発
（旅行鞄に 11 種類の物品・ぬいぐるみ人形、利用説明書、利用ガイド DVD、健診フォーマット〈書類〉が収納されている）
http://www.matkalaukkuseula.fi/ 参照（フィンランド語のみ）。
●総合健診：母子だけでなく家族全体（父／パートナー、きょうだいたちも含む）が対象。「保」は保健師、「医」は医師を指す。
出典：タンペレ市保健福祉部・ネウボラ担当部長 Tuire Sannisto 氏提供（2013 年）。著者訳出。

初対面かそれに近い専門職から淡々と「発達が遅れている」「要観察」と一方的に告げられ、ゆっくりと詳細をたずねることもできないまま帰宅していく——こうした展開では親は追い詰められてしまうでしょう。「気になる母子や家族」が特定できても、親・養育者と支援者との間にしっかりとした信頼関係がなければ、その後の支援に背を向けられてしまうかもしれません。

総合健診——家族全員が対象

乳幼児の心身の発達は、母親や家族関係のコンディションに大きな影響を受け、また乳幼児からのはたらきかけで、家族間の関係性も刻一刻と変化します。このような関係性発達を重視する観点から、家族全員を対象とする総

図 1● ネウボラ「総合健診」の概要

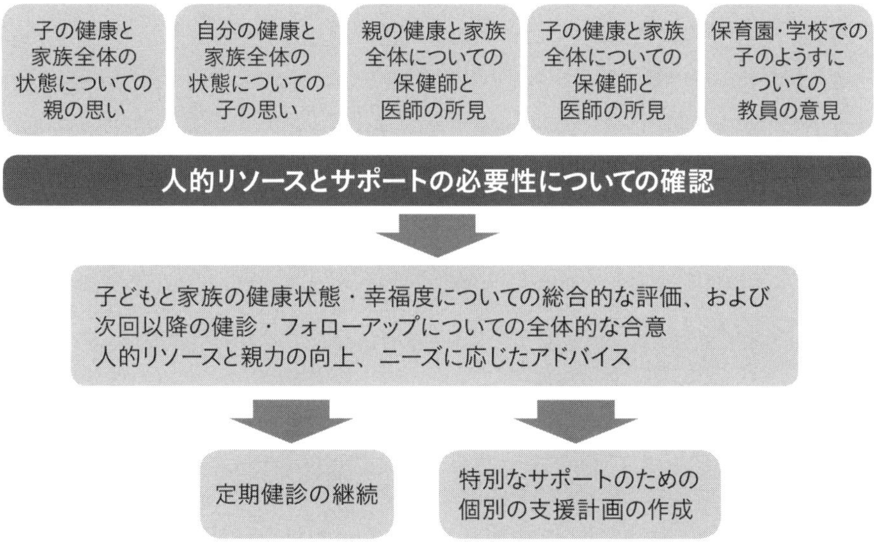

子の健康と家族全体の状態についての親の思い

自分の健康と家族全体の状態についての子の思い

親の健康と家族全体についての保健師と医師の所見

子の健康と家族全体についての保健師と医師の所見

保育園·学校での子のようすについての教員の意見

人的リソースとサポートの必要性についての確認

子どもと家族の健康状態・幸福度についての総合的な評価、および
次回以降の健診・フォローアップについての全体的な合意
人的リソースと親力の向上、ニーズに応じたアドバイス

定期健診の継続

特別なサポートのための個別の支援計画の作成

出典：Hakulinen-Viitanen, Tuovi et al. (2012), p. 35、図 2 を著者訳出。

図 2 ● 出産･子どもネウボラでの「定期健診」と「総合健診」の概念図

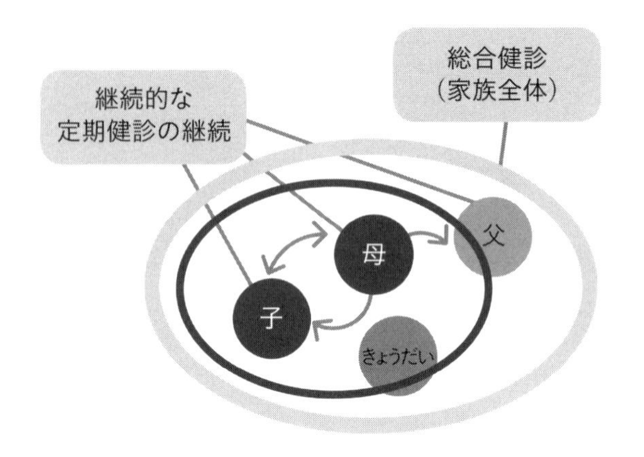

●医療的な定期健診に加え、「発達保障」、関係性発達の視点を組み込んだ総合健診 (2011 年に法制度に追加され、全国で実施)。
●子ども（胎児・新生児）と近親者との関係性の健全な発達。
●母子愛着、安定的な発達。
親子関係・カップル関係とともに、家族関係全体（きょうだい関係等も含む）をみる。
●「家庭生活の安寧と安全」住まい・居住環境の適切さ。
経済面での安定（失業リスク）、暴力・虐待リスクの早期発見。（著者作成）

合健診が行われるようになりました（**図 1・2**）。乳幼児期を対象とする子どもネウボラでは、生後 4 か月、1 歳半、4 歳の 3 回、保健師と医師が実施します。妊娠期と同様、各回とも事前にネウボラから該当の家庭に総合健診の案内があり、自己チェックシート (42 ページ～参照) で事前の準備をしてから、家族全員がネウボラに行きます。この自己チェックシートが調査の質問紙ではなく、対話のきっかけづくりのためという目的も、出産ネウボラでの総合健診と同じです。

2011 年から出産･子どもネウボラに加えられた「総合健診」は、子どもだけ、あるいは、母子だけでなく、家族全体を見なければ、子どもが安定した生育環境にいて順調に成長しているかどうか把握が難しいという、ネウボラの現場での課題に応えるものです。**図1**に示されるように、親や専門職といったおとなたちだけでなく、子ども自身の思いや意思についても関心が向けられています。子どもは親たちの養育や専門家の観察の対象にとどまらず、家族の一員であり家族関係での能動的な主体として位置づけられています。

他機関との連絡・協力体制

すでに少し述べましたが、出産・子どもネウボラの重要な機能の1つとして、保健・医療・福祉以外の領域との連絡調整・協力があげられます。**図3**は日本との対比を含め、ネウボラを通じての利用者家族にとって一貫性のある、切れ目ない支援のつながりを描き出しています。子どもが保育園に通っていれば、定期的に、少なくとも年1回、保育園からネウボラの担当保健師に子どものようすについて連絡が入ります。とくに問題がなければ年1回、簡潔な書面での報告が主ですが、双方向で必要に応じて連絡を取り合う仕組みになっています。

困難な問題を抱える子育て家族への支援において、出産・子どもネウボラだけでは限界になってしまう場合、適切な専門分野の支援につなぐために、親たちと面談しつつ、支援の選択肢をいっしょに考えます。家族・子どもソーシャルワーカーや心理士らが主な支援者となる福祉部門の「家族ネウボラ」のほか、高度専門医療としての乳幼児精神科医の治療まで、さまざまな専門職との協力体制の中心的な位置に出産・子どもネウボラがあるともいえます。

子ども虐待・DV問題への対応

フィンランドは、基本的には「子どもと家族に優しい社会」ですが、子ども虐待やマルトリートメント、カップル間暴力もあります。「子どものマル

自己チェックシート●総合健診（4か月）（いずれかの親が事前に記入）

	全くそのとおり	ややそう思う	ややそう思わない	全くそうでない
子どもの誕生後の新たな生活状況				
妊娠や出産に関する事柄に十分向き合えている。	1	2	3	4
出産後の「うつ」について十分な知識を得ている。	1	2	3	4
赤ちゃんがもたらす生活の変化への準備ができていた。	1	2	3	4
家族の時間の使い方では、赤ちゃんのニーズに十分配慮している。	1	2	3	4
仕事と家庭生活の両立は問題なくできている。	1	2	3	4
住居は子ども家族にとって適切なものである。	1	2	3	4
居住環境は子どもにとって良好で安全である。	1	2	3	4
親であることと赤ちゃんのケア				
自分には赤ちゃんといっしょに過ごせる時間が十分にある。	1	2	3	4
自分には、赤ちゃんのニーズを理解することが容易である。	1	2	3	4
赤ちゃんに対して感じるネガティブな感情をコントロールできている。	1	2	3	4
赤ちゃんの性格や感情の起伏は、自分の予想に沿ったものである。	1	2	3	4
親であることについての自分の知識は十分なものである。	1	2	3	4
赤ちゃんと一緒にいて楽しいときが多い。	1	2	3	4
赤ちゃんの世話ができている。	1	2	3	4
授乳は思ったとおり順調である。	1	2	3	4
自分のなかの不安な気持ちをコントロールできる。	1	2	3	4
親であることは、予想していたとおりのものだった。	1	2	3	4
自分は十分良い親だと感じている。	1	2	3	4
自分の内面に、親として成長できることがあると感じられる。	1	2	3	4
必要なときには、子どもの親であることについて、自分の親と話し合える。	1	2	3	4
カップル関係				
相手（配偶者・パートナー）とは話し合いによるコミュニケーションが良好である。	1	2	3	4
自分たちには一緒に過ごす時間が十分にある。	1	2	3	4
自分たちの関係は親密である。	1	2	3	4
性生活について話し合うことができる。	1	2	3	4
自分たちは、口論をし、そして仲直りができる。	1	2	3	4
互いに相手に愛情を示すことができる。	1	2	3	4
自分のカップル関係に満足している。	1	2	3	4

家事は家庭内で公平に分担している。	1	2	3	4
赤ちゃんの世話を自分と相手とで交互に分かち合っている。	1	2	3	4
相手といっしょに楽しいことをして過ごそうと努めている。	1	2	3	4
家族へのサポート・ネットワーク				
必要なときには、祖父母たちの助けが得られる。	1	2	3	4
自分たちには、助けになってくれる隣人や知り合いがいる。	1	2	3	4
必要なときには、身近な人からサポートしてもらえる。	1	2	3	4
他の子ども家族からのサポートが得られる。	1	2	3	4
ベビーシッターのサポートを得る可能性がある。	1	2	3	4
地元の地域には、子ども家族のための支援サービスが十分にある。	1	2	3	4
家族の健康とライフスタイル				
親の健康状態は良好である。	1	2	3	4
自分の健康管理に配慮している。	1	2	3	4
憂慮しなければならないような疾病や障がいは誰にもない。	1	2	3	4
家族はみなだいたい機嫌が良い。	1	2	3	4
家族のライフスタイルは自分たちを元気にしてくれる。	1	2	3	4
家族には、飲酒のことで心配しなければならいような人はいない。	1	2	3	4
自分がだいたいいつも元気だと感じている。	1	2	3	4
自分には楽しい趣味がある。	1	2	3	4
自分たちには家族でいっしょに過ごす時間が十分にある。	1	2	3	4
よく眠れている。	1	2	3	4
家族はユーモアのセンスがある。	1	2	3	4
家族の将来展望				
家族の経済状況は安定している。	1	2	3	4
家族には失業の心配はない。	1	2	3	4
家族の将来展望は明るい。	1	2	3	4
気持ちや精神的なことが私たちを力づけてくれる。	1	2	3	4
自分たちには、今の生活状況で暮らしていくために十分な力がある。	1	2	3	4

上記以外で、どのようなことが家族に力を与えていますか。（自由記載）

上記以外で、どのようなことが家族に負担になっていますか。（自由記載）

図 3 ● フィンランドと日本における出産・子育て支援の対比

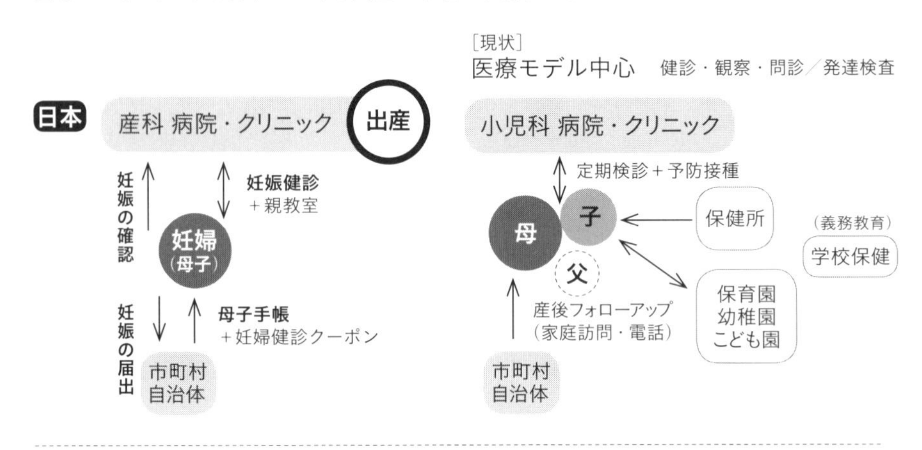

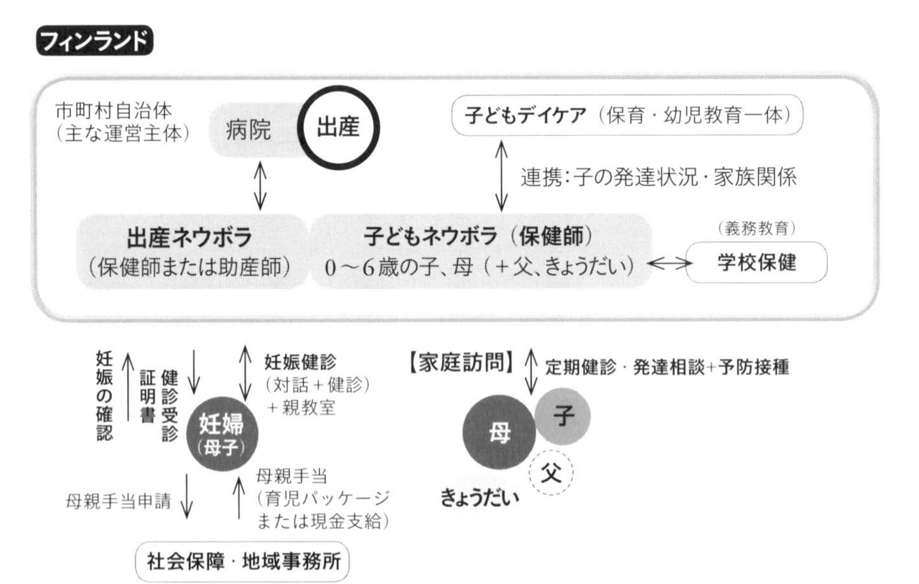

［フィランドの特色］
●妊娠・出産・子育て期での**切れ目ない支援［対話と信頼］**
●ワンストップ拠点
●同じ専門職（主に保健師）が「かかりつけ」として個別対応

（著者作成）

トリートメント」は、子どもに対するネガティブな行為、または、ネグレクトの多様な形態全般を包括する概念とされ、親・養育者（カップル）関係の暴力との関連性が高いとされます。[14] 子どもネウボラ専門職向けのハンドブックは、マルトリートメントの具体的な内容として、身体的・精神的な暴力、性的虐待、子どもの発達上のニーズ充足を放棄するネグレクト（感情、身体、認知および社会性についてのネグレクト）、子どもが他の家族構成員の暴力を直接・間接に見聞きすることを列挙しています。[15] 過去20年間で子どもに対する暴力のうち、比較的軽度な暴力は減少しているものの、深刻なケースについては大きな増減はみられないとされています。[16]

子ども虐待・マルトリートメントに関連して、フィンランドでは1980年代から、体罰によらない非暴力的な子育てを普及・徹底させようとする取り組みがみられます。「子どもの養育と面会交流に関する法律[17]（1983年）」は、子どもの養育に関し、「子どもは理解、安全そして愛情を得られるよう養育

情報保障

column

全員とつながるためには、可視化されにくい問題にも気をつけなければなりません。健康なごく普通の人を標準・前提にして支援サービスや情報発信の仕組みをつくってしまうと、支援につながらない人たちが取り残されてしまいます。健常者仕様ではどこかに潜む情報バリアに気づきにくいでしょう。「健常」「ネイティブ」であることをあたりまえとするのではなく、むしろ、なんらかの障がいや属性・状況（移住者や災害非常時など）のために情報共有できないことがありうるという前提で、排除のリスクを下げるための点検が大切です。

一例として、視覚障がいのために情報の入手が不可能か困難な状況を意識して、ヘルシンキ市など一部の自治体では、ホームページの情報に「音声バージョン」を組み込んでいるところもあります。情報テクノロジーを建設的に応用するには、「誰も排除しない」という考え方が基本です。

しなければならない。子どもは、従属や体罰その他の方法で侮辱してはならない。子どもが自立し責任感のある成人に成長するように支援・助長しなければならない」(第1条3項) としています。このように、フィンランドでは、子どもへの体罰は法律で禁止されています。

また、「子どもの保護法」[18] は2010年に一部改正され、子どもの保護とは、「それぞれの子どもとその家族に個別に対応する子どもの保護」であり、子ども保護のニーズ調査、保護計画の作成、または、在宅支援として行われます。子どもとその家族への保護は、子どもの緊急・一時保護、および、これらに付随する家庭外での社会的養護や事後ケアを含む」(第3条) と拡大されました。

2010年の法改正で新たに追加された「予防的な子ども保護」(第3条a) は、子どもの成長、発達および幸福を増進・保証し、親・養育者を支援するために、学校、青少年支援活動、保育園、出産・子どもネウボラなどで実施されます。予防的な子ども保護の特徴は、通報や依頼からニーズ調査を経てから開始される従来からの「子ども・家族の保護」のような特別な手続きを待たずに、一般的な業務において虐待問題に対してより迅速に対応しようとする点にあります。

出産・子どもネウボラでは、健診の機会を利用して、家族関係での暴力や虐待の問題について必ず話題にし、異変やリスクが把握された場合には放置せず、ネウボラ内でのケース検討をもとに適切な支援につなげます。母子だけでなく家族全員と面談する総合健診が近年推進されているのは、家族関係の全体像をみなければ、虐待リスクへの早期対応も困難であることがわかってきたためです。[19]

家族ネウボラ——社会福祉の支援

出産・子どもネウボラがすべての妊婦・親・子育て家族を対象としている

図 4 ● 15 歳未満の子ども 10 万人あたりの虐待死亡者数の推移（1921-2010 年）

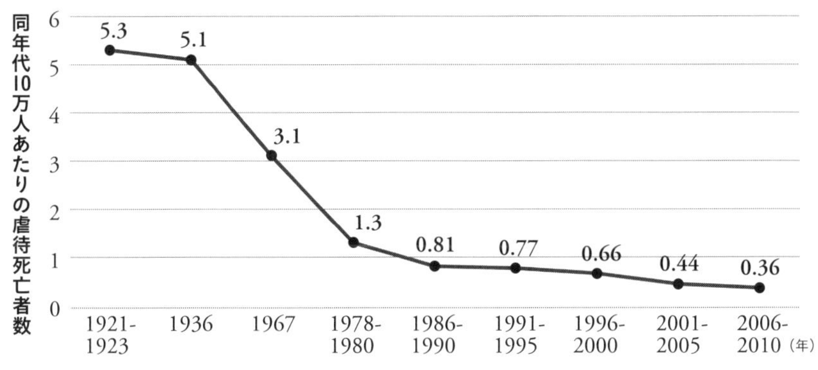

出典：Sariola (2012:13) 図 8 より著者訳出。

表 6 ● 家族ネウボラの対応事項

● 子どもの行動や社会性または発達について親が懸念している場合
● 危機的な状況への支援を家族が希望する場合
● 家族間に諍い・紛争がある場合
● 別離／離婚の見込みがある、別離／離婚での問題解決への支援が必要とされる場合（18 歳未満の未成年者がいる家族の離婚）

出典：タンペレ市ホームページ「家族ネウボラ」を資料として著者訳出・作表。
http://www.tampere.fi/perhejasosiaalipalvelut/perheneuvola.html
（2015 年 9 月 4 日アクセス）

表 7 ● 子育て家族のための在宅生活支援サービス適用基準（主な根拠例）

● 妊娠期の終盤および出産
● 多胎児を育てている家族
● 新生児のいる家族の疲弊
● 生活状況の突然の変化
● 家族機能の低下
● 子どもの世話や教育で支援やガイダンスが必要な場合
● 日常の生活活動への支援が必要な場合
● 親自身が（不定期の）ケアやセラピーを受ける場合

出典：Tampereen kaupunki (2015b) より著者訳出・作表。

のに対し、家族ネウボラ（perheneuvola）は保健セクターではなく社会福祉セクターにあり、子どもの成長・発達や家族の相互コミュニケーションの課題などに焦点を絞った支援を多職種チーム（子ども・家族ソーシャルワーカー、心理士、小児精神科医など）で行います（**表 6**）。社会福祉での家族ソーシャルワーク（日常生活での自立性の維持・回復のためにソーシャルワーカーが家族を専門的な支援へとつなぎ支える）支援窓口の 1 つともいえます。必要に応じて、子育て家族のための在宅生活支援サービス（ホームヘルプ、**表** 7 参照）の利用について、内容、時間、頻度、期間、費用などを基準に照合しつつ決めることも、家族ネウボラのソーシャルワーカーの職務に含まれています。

家族ネウボラにおける子ども・子育ての課題への支援は 12 歳までの子どもが対象です。13 ～ 17 歳の未成年者については、家族ネウボラに隣接する若者支援ユニットが対応します。親の事情（カップル関係の破綻やパートナーとの死別など）で、別離や離婚に近づいている家族への支援も家族ネウボラが担っています。親たちの別離や離婚をめぐっての事前・事後の家族関係の調整に家族ネウボラが関わる場合、18 歳未満の未成年者も支援対象に含まれます。親が別離や離婚のために別居した後の子どもの養育や親子関係の課題について、当事者たちだけで解決できない場合、子どもの意思の確認も含め、家族ネウボラの支援が必要になります。[20]

家族ネウボラへは、当事者本人が直接連絡を取る市町村（タンペレ市など）や出産・子どもネウボラ経由でつながる市町村 （ヘルシンキ市など）があり、つながり方は一様ではありません。また、本人が（紹介状なしで）直接コンタクトを取ってよいシステムとは、本人の自己責任に委ねるという意味ではありません。出産・子どもネウボラ経由の場合もありますが、本人自身が自発的にコンタクトを取ってよいということです。

子育て家族のための在宅生活支援サービス

この在宅生活支援サービスは、18 歳未満の未成年者のいる家族を対象としています。とくに学齢未満（6 歳以下）の子どもを育てる家族を中心に、一覧（**表** 7）の項目例を根拠に、家族ネウボラで適用について判断されます。ここでリストアップされている項目は、担当者が判断する際の主な目安であって、これ以外のことを排除するものではありません。

支援の適用については、支援の緊急度とほかの支援の利用可能性の観点から決められます。緊急度の基準で最優先されるのは、子どもの日常生活です。それは、親の活動力の低下の　ために子どもの日常生活が脅かされる状況で子どもを守ることです。これに次いで、病児のケアや親の通院（セラピー、歯科を含む医療ケア、マッサージなど）の際に適用できます。タンペレ市での単発でのホームヘルプの利用料金（2015 年）は、4 時間未満なら 11 ユーロ（約 1,450 円）、4 時間以上なら 22 ユーロ（約 2,900 円）です。継続的なホームヘルプについての利用料金は、世帯人数と所得水準から個別に算出されます。[21]

子育て家族支援の全体イメージ

本章では、子育て家族全体をサポートする出産・子どもネウボラの実像を中心に述べてきました。子どもたちや子育てをする家族をとりまく生活環境をも視野に入れて、子育て家族支援サービスの全体像は次のように示されます（**図** 5）。出産・子どもネウボラは、全妊婦・全児にとどまらず、全家庭も含める複合的な視野からの子育て支援の要として機能し続けています。

出産・子どもネウボラと、家族ネウボラ、保育園、学校、医療機関などとの協力がよりスムーズに行えるように、モデル自治体事業も続いています。一例をあげれば、タンペレ市では 2015 年から「健康ネウボラ

図5● 子育て家族・青少年支援サービスの構図

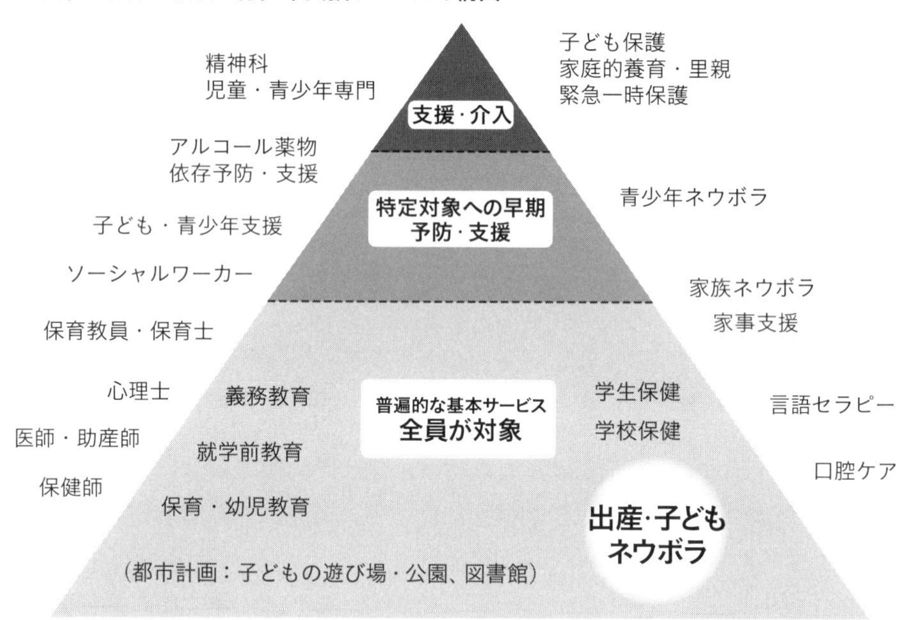

出典：Kalmari, Hanne (2013) Lasten ja perheiden terveys- ja hyvinvointipalvelut Suomessa（ヘルシンキ市保健福祉部、資料スライド）、および
Sannisto, Tuire (2013) Lasten ja nuorten terveyspalveut（ヘルシンキ市青少年保健福祉部資料スライド）に著者が訳出・加筆・作成。

（hyvinvointineuvola）」試行プロジェクトが進行中で、すでに同市で活動している20の多職種チーム（保健師、医師、心理士、ソーシャルワーカー、家族支援ケアワーカー、保育セクターの代表者、家族ネウボラの代表者など）のうち3チームが年間100世帯の子育て家族（0～8歳の子どもを含む家族）をサポートしています。これは、自治体が国の予算を得て行っている統合支援モデル開発プロジェクトの一環で、利用者（本人）中心での各部門の支援の統合のありかたを探求しています。[22]

● 注

1 妊婦99.8%、出生児99.5%がネウボラにつながっている（執筆時点）。

2 Tiitinen（2014）.

3 横山 & Hakulinen-Viitanen（2015：601-602）。

4 タンペレ市でのインタビュー。初出、髙橋（2014a）。

5 出産ネウボラ用の初回問診票は、以下を把握する。

① 妊婦の住所・連絡先（電話とメールアドレス）、職業、勤務先、第一言語、健康状態、以前の妊娠･出産の情報、避妊の状況、妊娠検査の実施時期、不妊治療の有無、妊娠前の身長･体重など。

② 子どもの父親の連絡先（電話）、妊婦との同居の有無、職業、生年月日。

③ 妊婦と父親の病歴（依存症の有無も含む）、生活習慣（飲酒、喫煙〈受動喫煙を含む〉など）、運動の習慣などが主な項目である。

④ 個人情報票は、妊婦と父親の関係（未婚、法律婚、事実婚など）、住所、職業、電話連絡先、第一言語など。

6 原語では "laajan terveystarkastus"、直訳すれば、大きな（拡大した）健診の意味。

7 「ネウボラ活動、学校・生徒の保健および青少年の予防的な歯科医療に関する法令」*Valtioneuvoston asetus neuvolatoiminnasta, koulu- ja opieksluterveydenhuollosta seka lasten ja nuorten ehkaisevasta suun terveydenhuollosta*, http：//www.finlex.fi/fi/laki/alkup/2011/20110338（2015年9月2日アクセス）

8 本書執筆時点で、2012印刷バージョンは配布終了。PDF版（フィンランド語と英語版は2012年版、スウェーデン語版は2011年）はネットから入手できる。THL（2012）参照。

9 THL（2012：25）.

10 本書執筆時点でのヘルシンキ市の例であるが、全国的な標準であり、他所でも大きな相違はない。

11 首都圏の産科病院のバーチャルツアーについては、HUS（ヘルシンキ・ウーシマー医療エリア）ホームページ参照（2015年6月からネット上に公開され、いつでも見ることができる）。
http：//www.hus.fi/en/medical-care/medical-services/maternity-services/babyjourney/Baby-journey-videos/Pages/default.aspx

12 初産の場合には、妊娠後期の出産を控えてのタイミングでの「出産前の家庭訪問」も推奨されているが、自治体によって実施状況にばらつきがある。初産婦対象に出産前にも家庭訪問を実施している自治体の一例としてサロ市（Salon kaupunki）。http：//www.salo.fi/terveyspalvelut/neuvolat/aitiysneuvola/ （アクセス2015年9月2日）

13 トゥルク市2014年10月30日、著者インタビュー。

14 Paavilainen & Flinck（2008：4）.

15『子どもネウボラ・ハンドブック』（*Lastenneuvolakäsikirja*）、マルトリートメント解説。http://www.thl.fi/fi_FI/web/lastenneuvola-fi/ohjeet/menetelmat/perhe/kaltoinkohtelu（2014年8月12日アクセス）

16 子どものマルトリートメントの頻度についての国際的な推計では、未成年者の4～16%が身体的暴力、10%がネグレクトや精神的なネグレクトを受けているとされるが、公式の統計が把握しているのは実際のマルトリートメントの約10分の1程度とされる。子どもネウボラ・ハンドブック（前掲）。

17 この法律のフィンランド語表記は、*Laki lasten huollosta ja tapaamisoikeudesta*（http：//www.finlex.fi/fi/laki/ajantasa/1983/19830361）。

18 この法律のフィンランド語表記は、*Lastensuojelulaki*（https：//www.finlex.fi/fi/laki/ajantasa/2007/20070417）。

19 髙橋（2014a; 2014b）参照。

20 たとえば、離婚後の別居親と子どもの面会交流は、基本的には子どもの権利（子どもが双方の親との関係を維持する権利）ではあるが、親同士の関係によっては深刻な紛争になり裁判にいたることもある。フィンランドでは家庭裁判所は設置されておらず、こうした事案は地方裁判所が扱うが、裁判官の判断をサポートするとともに、子どもの安全の確保のために、家族ソーシャルワーカーや児童精神科医ら他職種の協力を仰ぐことが多い。髙橋2013参照。

21 Tampereen kaupunki 2015b.

22 Valtiovarainminiesteriö 2015.

3 対話から生まれる信頼と支援

「対話」という考え方

今日の出産・子どもネウボラでは、妊婦／親（子育て家族）と専門職との「対話」と「信頼関係」を重視しています。前章でも紹介したように、ネウボラでかかりつけの専門職と対話を重ねることで、妊婦・母親や家族たちの不安や悩みの大半がほぐされ、さらに専門的なカウンセリングやリハビリには至らないようです。しかし、ネウボラでの対話は、心理カウンセリングを代行しているのではありません。本人が、ほんとうはどうありたいと望んでいるのか、本人の目線を中心にしつつ、不安や課題について本人自身の語る力を少しずつ引き出していくのです。

ここでいう「対話」は、コミュニケーションのテクニックや手法のことではなく、支える人と支えられる人とのあいだの人間関係についての考え方そのものともいえます。

フィンランドでは、ネウボラを含め、子ども、若者、家族への支援全般において「対話」に大きな価値を見出し、対話は「支援の文化」[1]の核心とされるようになりました。できるかぎり早期の段階でのオープンな協力（VAY）[2]によって、子ども、若者、家族への支援でよい効果をもたらすことが、現場での実践・臨床の研究知見の蓄積で示されています。

「可能性や選択肢がたくさんあるときに行動することが不可欠」[3]ともいわれています。支援のタイミングが遅くなるほど、問題がさらにこじれて複雑になりやすく、解決や改善のための選択肢の幅も狭まり、身動きとれない困難な状況に陥りやすいでしょう。「オープン」というのは、多職種間の垣根を越えることだけでなく、本人やその家族にも開かれているという意味です。

早期のオープンな協力の要点は、次のとおりです。

・できるかぎり早期に、オープンに（本人を話し合いの輪に含め）、支援を必要とする人とともに行動する。
・多様な活動主体（当事者を含む）間での相互に敬意を払っての対話＝ダイアローグ。
・多様な専門領域の参加。
・真に本人（当事者）中心の協力。[4]

専門職と本人・家族のあいだの対話

対話（ダイアローグ）とは、語りを通じた意味のやりとりです。対話は、ある状況について、対話の参加者たちがいっしょになって調べる共有空間を創出します。対話の参加者たち全員が語ることを互いに認め合い、参加者たちはお互いに関心を向けます。参加者が自身のモノローグ（独り言）をその場で披露し合うだけで、相手に関心を向けようとしない、あるいは、専門職が相談者と話しているときに専門用語を使っているのでは、対話とはいえません。[5] 専門職にとっては業務上なじんだ用語や表現・言いまわしであっても、必ずしも全員が共有しているとは限りません。専門職でない相手に向けて専門用語を使うことになにも問題を感じないとすれば、そのこと自体が問題だということです。専門職は専門的な知識や経験値で、他の参加者たちの上に立ってはいけないのです。権威主義的な肩書きへのこだわりや上から目線のもとになりやすいプライドを含め、対話を阻む壁を取り払っていくことが真の専門性です。

対話は相互の傾聴から始まりますが、傾聴だけではありません。人にはそれぞれ異なる見解があり、誰の見解も真実の全体を語ってはいないという不確かさを受容します。多様な見解があることを認め合いながら、本人・関係者がそれぞれの経験や思いを他の参加者に向けて語り応答が得られるとき、最善で独創的な対応策や解決策が見つかります。対話は支援の効率という点でも重要で、支援を必要とする本人がおかれている状況について、本人といっしょに早期に対応策が見出せれば、その後の専門職による支援業務のコストを下げられる可能性も大きくなります。[6]

国連子どもの権利条約や欧州連合EUの各種の人権条約のもとで、フィンランドでは、子どもには自身に関わるすべての事項について意思表明の権利が法的にも明確にされています。子どもはおとなと同様、尊重されなければなりません。[7] 家族への支援で専門職がしばしば直面する状況への対応には、2つの選択肢があるとされます。1つは、専門職側が率先してなにが問題でなにをすべきかを速やかに特定するように努めること。2つ目は家族本人たちを傾聴し始めること。子どもが幼い場合も含め、本人たち（子どもや親）の声を聞き出すことは必ずしも容易ではありませんが、その声が聞こえてくるように専門職が支援することになります。[8]

支援の効果を高める対話には、相互の敬意や関心そして共感といった共通項があり、このことはネウボラのごく普通の健診の場面にもあてはまります。出産・子どもネウボラにおいて、母親や父親は、支援者（第三者）との対話を通じて、自分たちの行いや決定が適切だという確証を得たがっていることがよくあります。[9]

一見、専門職の主導で問題や対応を速やかに特定するほうが、てきぱきと効率がよいようにみえます。それが、本人たちにとってもよい効果・結果になることもあるでしょう。けれども、場合によっては「パターナリズム」に陥って、支援が本人にとって暗に明に抑圧的なものになるリスクがあります。専門的な情報や知識という面で専門職は、一般の市民との関係において発言力や影響力が勝り、ほとんど無意識のうちに主導的になっているかもしれません。本人や家族などの生命の危機に直面しているような緊急時には、強い介入がやむをえないこともあります。子ども保護としての緊急一時保護は、フィンランドでは、養育者の同意を必ずしも前提としません。フィンランドでもこうした局面に至ってしまうことはあります。それでも、専門職側からの支援の下で本人が受け身であり続けるだけでは、中長期の見通しを本人も専門職ももてません。対話のアプローチは、本人に自らの言葉で問題を語れるようにすることで、本来の力を回復させ、本人の腑に落ちる方策での問題解決を目指すものです。

親子の双方向コミュニケーションへの早期支援（VAVU）

対話についての理解が深まるとともに、ネウボラにおいても、早期の段階から親子の双方向コミュニケーション形成を、親と専門職との対話によって支援する実践が行われるようになりました。具体的には、「妊娠期の親子コミュニケーション早期支援インタビュー」と、「産後の親子コミュニケーション支援インタビュー」との2段階での対話をもとにした支援を指します（**表8・9**）（インタビューガイドの詳細については、64ページ〜参照）。

実施時期としては、前者（出産前）は妊娠27〜40週、後者は出産後4〜8週間、実施場所はなるべく妊婦・親の自宅、また、ネウボラの保健師が出産前から妊婦／親とすでに健診などで接点を持っていることも推奨されています。[10]初対面では専門職にとっても困難で妊婦／親にとっては迷惑、お互いに困惑するだけで、リスクや課題へのていねいな対応・支援には至らないでしょう。

対話的なインタビューは専門的な支援であり、ネウボラ保健師は継続研修を受講し、インタビューガイドの内容や意味に精通し、対話のシミュレーショ

表 8●妊娠期の親子コミュニケーション早期支援インタビューの主要項目

●妊娠についての妊婦の気持ち
●家族のサポート
●家庭生活において予想される変化
●妊娠期における女性の自己イメージ
●父親の自己イメージ
●親たちの今後についての期待と、胎内の子どもについての見方
●出産についての予想・期待
●赤ちゃんへの授乳についての期待や不安
●親のカップル関係の変化
●家庭の経済状況と居住環境
●人生の大きな出来事

出典：Hastrup & Puura (2011a) より著者訳出・作表。

表 9●産後の親子コミュニケーション支援インタビューの主要項目

●出産について
●精神面での健康
●家族の態度とサポート
●きょうだいたち（他の子どもたち）についての心配事
●子どもについての親の見方
●母親と赤ちゃんのコミュニケーション
●父親（もう一方の親）と赤ちゃんのコミュニケーション
●赤ちゃんのニーズに応える親の力
●家族の経済状況と居住環境
●人生の大きな出来事

出典：Hastrup & Puura (2011b) を資料として著者訳出・作表。

ンやロールプレイを含む実習訓練によって、親子間コミュニケーションの観察・解釈や支援を習得します。家庭訪問では各項目や着目点をガイドに沿って一方的に質問するのではありません。刻一刻と展開していくやりとり（言葉だけでなく、表情、身ぶり・姿勢などを含め、相互のメッセージの発信や回避）

の劇場のような場面に、対話の参加者たちがみんなでいっしょに参加し、そのなかで問題や気がかりなことをいっしょに考えます。この即興劇のようなやりとりは、誰の意見・主張が正しいかを決めることが目的ではないのです。カップル／親たち同士、親子間のコミュニケーションを中心に、同席しているおとなたちの対話のなかに支援者（ネウボラ保健師）も入ります。親の自宅を舞台とする点で、従来からの家庭訪問の支援の質を高めるネウボラのアウトリーチ支援の一環（専門職のほうから利用者のところへ出かけていく）でもあります。

ただし、対話性を尊重する現在のネウボラから切り離した状況・設定で、インタビューガイドだけがフィンランド式メソッドなどと称して転用されるようなことは、著者の意図するところではありません。対話という考え方が枠組み（実施方法・作法・場所設定）を決めるのであって、対話性を抜きにしての傾聴のテクニックやメソッドの話ではないのです。相手がなにをどう言っても否定・無視しないのはなぜなのか――理由や根拠について支援者が「理解」しているかどうかは、対話性そのものについての理解に直結します。対話性についての議論は後段で続けます。

インタビューガイドの内容からは、対話的な支援によって、親子間の関係性発達のつまずきや虐待の兆候の早期リスク発見・早期支援を目指していると読めます。さらに、特定の子育て家族のみならず、ネウボラ保健師の対話力が高まることで、通常の健診への波及効果によってネウボラでの支援の質が向上する可能性もあります。実際、このような対話を重視し対話をもとに展開する支援は、フィンランド国内でのネウボラ専門職の実践としては特別なものではありません。すでに多くの市町村自治体でネウボラ専門職向けの継続研修が実施され、この輪は確実に広がっています。こうした取り組みの背景には、欧州連合EUの研究助成による乳幼児精神保健領域の国際共同研

究プロジェクト "The European Early Promotion"[11]（ヨーロッパ乳幼児の発達向上研究）から得られた研究知見があり、フィンランドでは研究成果がネウボラを通じて社会に還元されています。

対話●オープンダイアローグからの示唆

「オープンダイアローグ」とは、フィンランド北部（ラップランド西部）のケロプダス精神病院[12]において1980年代から開発されてきた、精神疾患の急性期への迅速で継続的なチーム治療・支援の基本的な考え方です[13]。地域精神医療の臨床におけるオープンダイアローグの原則は、以下のような、主に対話の作法・考え方に関するものです。

- 緊急支援を求める電話連絡（本人または家族ら）から24時間以内にチーム治療を本人の希望する場所で開始する。
- 緊急電話に対応した専門職がかかりつけとなり安定期に至るまで継続的に担当する。
- 本人・当事者が不在のとき・場所において専門職たちは本人たちについて話してはいけない。
- 本人不在のまま本人の了承なしに治療について決めない。
- 対話に参加する専門職は多職種チームであり、本人や家族も含め関係者全員が発言し、誰のいかなる発言（いわゆる幻聴なども含め）も無視されず尊重され応答を得る。

こうした原則には、バフチンらの哲学・理論的な知見も取り入れられています[14]。

オープンダイアローグの考え方によれば、入院や投薬は必然ではなく、対等な関係性と応答など特定の作法のもとで治療としての「対話」を展開することで、顕著な改善に至っています。しかし一方で、オープンダイアローグについては、精神医療での伝統的な治療（診断と投薬・入院治療、カウンセリングなど）とは対極ともいえる特性のために、一部の熱心な支持と多数派の沈黙という極端な反応があるようです。フィンランドではケロプダス病院の実践は成功例ではあっても、現時点では地域限定の取り組みとして位置づけられています。近年では、デンマーク、ノルウェー、イギリス、ドイツ、アメリカ等で、オープンダイアローグに共鳴・共感する専門職（心理士、家族セラピスト、精神科医等）や研究者たちがネットワークを立ち上げ、フィンランド国外で専門職研修や国際会議が活性化しています[15]。

では、オープンダイアローグはフィンランドで例外扱いされているのでしょうか。精神医療領域では必ずしも主流とはいえなくても、家族（子育てを含む）への支援に関連して、「専門職と本人・家族との間の対話」としてより広く関心を集めていると考えられます。オープンダイアローグという呼称でなくとも、対話（ダイアローグ）は、精神医療の枠を超えて、支援者と当事者の協力関係の捉え方に影響しています[16]。現在のフィンランドではさまざまな臨床現場の共通の課題として、ダイアローグそのものについての関心が専門職や研究者たちの間で高まっているのです。ダイアローグ・対話での、誰の発言も否定されず無視されない、なんらかの応答・反応があるやりとりは、支援を必要としている人たちには必ず少しずつでも力づけられる経験だとされます[17]。

困りごと・問題・リスクの把握が行き詰まらないよう、支援者の職務遂行のために相手の協力を損なわないよう、相手への尊重はなくとも便宜上とりあえず相手の発言を否定しないでおくといった、支援者の都合のための表面的な傾聴では本末転倒です。

ネウボラ健診での対話を重ね、親子の双方向コミュニケーション支援に焦点を絞った対話を組み込む支援の効果は、結果的に、リスク・グループの特定だけにとどまらないでしょう。オープンダイアローグ流に言えば、ネウボラでの対話は、親、とくに母親を孤立「モノローグの閉鎖系から解放」することで、不安から安心へと子育ての道標を親自身が見出し、自分の言葉で語る力をつけていくエンパワメントのプロセスと考えられます。

オープンダイアローグ（対話のチームアプローチ）やネウボラ（ネウボラの対話アプローチ）に対して、日本での率直な反応は、「対話などに、いったいなんのメリットがあるのか」という点に集約され一蹴されるかもしれません。忙しい臨床現場でゆっくり話などしている状況ではない、専門家のアドバイスに素直に従わない利用者は困った人だ、という支援者中心のスタンスが垣間見えます。見方を変えれば、従来の「対話不在」によって、個人・地域・社会が被る甚大なコストが看過され続けてきたともいえます。子育てや子育て支援における「対話不在」は、今、子育てをしている世代だけの問題でなく、

ダイアローグか、モノローグか

column

人々が対面で話し合っている場面はあたかも「対話」（ダイアローグ）のように見えますが、そうした場面がすべてダイアローグとは限りません。セイックラらは、モノローグとダイアローグの違いを次のように説明しています。

「モノローグかダイアローグかによって会話の質がちがってくる。モノローグでは、話し手が自分の意見によって言いたいことを言葉にして次の発言者を推定する。そうした発言はしばしば発言者自身に向けられ、例えば、自分の見解について聞き手を納得させようとする。一方、ダイアローグでは、各自の発言は、会話に参加している人たちがいっしょに話を進める前に、聞き手からの返事・応答があることを前提にしている。ダイアローグでは、会話の参加者たちの間に新しい理解が生まれ、全員の視点が新しい理解の誕生にとって不可欠であるので、誰が正しいかということはもう重要なことではなくなる」[18]。

世代から世代への連鎖も視野に含めて考える必要があります。情報社会でもあるフィンランドにおいて、ネウボラの「アナログで継続的な対話」——お互いの顔が見え、声、しぐさが、直接聞こえ見える場面での双方向のやりとりの積み重ねが目指しているものは、対話不在の閉鎖系という現代社会につきまとうモノローグの病理からの回復と解放です。

●注

1 より正確には、支援活動と活動マネージメントの文化とされる。THL（2015a）参照。
2 原語では、VAYは"varhain, avoimesti ja hyvssä yhteistyössä"の略称。
3 THL 前出。
4 THL 前出。
5 THL 2015b.
6 THL 前出。
7 国連子どもの権利条約参照。
8 THL 前出。
9 THL 前出。
10 Puura & Hastrup（2011：97-98）.
11 フィンランド、ギリシャ、イギリス、キプロスの研究者たちによる共同研究であり、詳細情報（英語）はEUのウェブサイトから閲覧できる。
http://europa.eu/epic/practices-that-work/practice-user-registry/practices/european_early_promotion_project_en.htm
12 Keropudas Hospitalはフィンランド最北の都市トルニオ（Tornio, 総人口は2万2313人，2015年2月）近郊の西部ラップランドでの地域精神医療保健の拠点病院であるが、オープンダイアローグ以外には特筆事項のないごく一般的な公的セクターの精神病院であり、著者も最近までその存在を知らなかった。
13 オープンダイアローグ臨床に当初から参画していたヤーッコ・セイックラ（Jaakko Seikkula, 臨床心理学）の主要な著作については次のリンク参照。
https://www.jyu.fi/ytk/laitokset/psykologia/henkilokunta/seikkula/publications
14 齋藤（2014）によれば、M.バフチンの「詩学」の理論に基づく「ダイアローグ」の介入は、「モノローグ（独り言）」の自閉ともいえる統合失調症の病理に対し、開放へとはたらきかけようとする作用と理解される。斎藤（2015）、下平（2015）なども参照のこと。
15 Kari Valtanen, "On open dialogue" 2015年3月30日東京での講演（著者は偶然、通訳として参加した）。
16 Seikkula & Arnkil（2009）参照。
17 THL（2015a）.
18 Seikkula & Arnkil (2009: 130).

対話のための
インタビューガイド

今日のネウボラの専門職の大多数は、親子間のコミュニケーションを行動、情緒、心理の側面から把握し、親子をサポートするために「対話」の実践と理論を継続研修で習得しています。二段階のインタビューガイドは、妊娠期の後半（30 週目前後）と、出産後まもない時期に対応します。
赤ちゃんにとって望ましい親子間のコミュニケーションとは、赤ちゃんが物理的、精神的、社会的になにを必要としているかを、親にわかってもらい、適切な応答・対応が得られることです。
なお、対話のためのインタビューガイドは、ネウボラ専門職と親との信頼関係を前提として開発されていますので、ガイドだけを切り離し、「メソッド」と称して使えるものではありません。

対話のためのインタビューガイド 1

妊娠期の親と生まれてくる子どものコミュニケーション支援の手引き

【インタビューの開始：あいさつ、自己紹介、利用者との関係への導入】

はじめに言葉を交わすことの目的は、話し合いで双方が互いを知り合いリラックスすることです。

【会話／インタビューの目的】

インタビューの目的は、生まれてくる子どもの誕生と世話、家族の状況、親たちの考え、思い、心配なことに関する事項について話すことです。また、サポートが必要になる可能性やそうしたサポートはどのようなものなのかを、あらかじめ考えることも目的に含まれます。

親に対面するあなたは、さまざまな状況 ——妊婦が子どもの父親とカップル関係にあるのか、妊婦はカップル関係にないのか、両親いっしょなのか妊婦だけなのか、など——によって、質問のいくつかについて聞き方を変更しなければならなくなります。また、このインタビューガイドでは、生まれてくる子どもについて強い関心を寄せるおとなたちを指して、「親」「両親」という表現を用いています。

【次のことを把握しましょう】

- 妊娠は、はじめてなのかどうか
- 妊娠が望んだ妊娠なのか、あるいは、なにか否定的なことが絡んでいるのかどうか——たとえば、親／両親に「今回の妊娠についてどう思っていますか」とたずねることができます。
- 母親が子どもの父親とカップル関係にあるのかどうか
- 以前の妊娠（複数回でもありうる）の初期や経過において困難だったこと、たとえば、妊娠中の問題、流産、難産、死産、生まれた子どもに障がいや病気があった、など
- 家族に関すること：今の家族の人数・構成など

Ⅰ　今回の妊娠についての妊婦の感じ方

1 「妊娠してから今までどんな感じでしたか。もっと話してくださいますか」

- 出産や分娩時の医療的な処置についてのおそれ
- 以前の妊娠経験から今回の妊娠に影響する可能性のある事柄
- 家族間の対立やもめごと
- 家族の経済的・社会的な困難

2「妊娠がわかって、どう思いましたか」

肯定的な感情であれば、それを支持し強めてあげましょう。

否定的な感情であれば、親本人が自分の思いをあなたに話すように促してあげましょう。

否定的な感情については、親本人に次のことを確認します。

	あり	なし
恐怖感		
無関心		
妊婦が妊娠について否定的		
子どもの父親が妊娠について否定的		

恐怖心がある場合、何を怖がっているか

	あり	なし
分娩		
子どもの健康		
子どもの発達		
自分の生活の変化		
家族の生活の変化		
その他（具体的に）		

3「妊娠がわかって、まず誰に話しましたか。その人はどんな反応をしましたか」

	肯定的な反応	否定的な反応
子どもの父親		
妊婦の母親		
子どもの父親の母親		
子どもの父親の父親		
自分のきょうだい		
自分の子ども		
その他		

4「子どもの父親はどうですか（父親がいない、あるいはわからない場合には、妊娠について最初に話した人）どのような反応でしたか」

肯定的な反応	
否定的な反応	

5「家族のほかのメンバーは、あなたの妊娠のことを聞いてどのように反応しましたか」

	肯定的な反応	否定的な反応
夫（パートナー）		
子ども		
妊婦の母親		
妊婦の父親		
子どもの父親の母親		
子どもの父親の父親		
自分のきょうだい		
その他		

Ⅱ　家族のサポート

6「子どもが生まれた後、どのようなサポートを望んでいますか。どのようなサポートが得られると思いますか」

肯定的な期待	
否定的な期待	

Ⅲ　家庭生活において予想される変化

7「生まれてくる子どもは、あなたの家族にどのように影響すると思いますか」

	肯定的な反応	否定的な反応
あなたの家庭生活		
家族の他のメンバー		
家族間の関係		

8「変化をどのように乗り越えられると思いますか」

（母／父が自ら話さない場合の質問）

心配している	
心配していない	

9「出産後に気持ちが落ち込んでしまうお母さんもおられます。自分はどうなるだろうかと心配ですか」

心配している	
心配していない	

もし、妊婦にサポートしてくれる人がいない場合には、社会的・心理的な側面でのサポートを十分に得られる方策を考えるために親を助けましょう。この課題について、さらに再度話したいと親に伝えサポートしましょう。

Ⅳ　妊娠期における女性の自己イメージ

10「妊娠してからどんな変化に気づきましたか。そうした変化にどう感じていますか。心配していますか。変化や心配について誰かに話していますか」

変化には次のようなことがありえます。

- 身体のイメージ（体重の増加、体型の変化）
- 食習慣の嗜好の変化（朝の不調、嘔吐、食欲の増加や低下）
- 性的な感覚（関心の低下、性交を恐れる気持ち）
- 睡眠習慣（前よりも増した睡眠の必要性、または、不眠）
- 活動の効率（仕事の効率や思考力の低下）
- 気分や感情の起伏

11「他になにかありますか。今の自分についてどんなふうに思っていますか」

元気で幸せだと思う	体調が悪い、あるいは、 どうなるかよくわからないと感じている

Ⅴ　父親の自己イメージ

12「パートナー（妊婦）が妊娠してから、自分についてどのような変化を感じますか。その変化について自分としてどう思いますか。心配になりますか。自分の心配な気持ちを誰かに話しましたか」

変化には次のようなことがありえます（10. の項目と同じ）

13「他になにかありますか。今の自分についてどんなふうに思っていますか」

Ⅵ　親たちの今後についての期待と、胎内の子どもについての見方

14「今のところ、あなたの赤ちゃんはどのようでしょうか」

肯定的な思い	
否定的な思い	

この質問の目的は、親が生まれてくる子どもをひとりの人として認識し、出生前から子どもとの関係をきずけるように励ますことです。現在と将来において自分たちの子どもがどんなふうであるのか、想像してみることが非常に困難な親にはとくに留意します。親たちがネガティブな感情をもつことについて、批判したりとがめたりせずに受けとめるよう、心の準備をしてください。親たちの感情をそのまま受けとめてください。

もし、質問者が自分の専門的な技量は親をサポートするには十分でないと感じるなら、その親がメンタルヘルスの専門家（心理士か精神科医）と面談できるようにしてください。いずれにせよ、生まれてくる子どもについて考えるように親を励ましましょう。

15「あなたのお子さんはどのようになるでしょうか」

	肯定的	否定的
母親		
父親／夫（パートナー）		

子どもの父親が、母親（妊婦）の現在の夫（パートナー）でない場合には、次のように質問できます。

16「赤ちゃんのお父さんは、どんなことを期待してますか。お子さんがどんなふうであってほしいと思っているでしょうか」

	肯定的	否定的
父親／夫（パートナー）		

17「（そのほかに）赤ちゃんについて心配していることがありますか」

はい	（具体的に）
いいえ	

18「あなたの家族はどのように期待・心配していますか」

Ⅶ　出産についての予想・期待

19「今回の出産について、どう思っていますか」

	肯定的	否定的
母親		
父親／夫（パートナー）		

20「家族や友人たちは出産についてどのようなことを話していますか」

	肯定的なこと	否定的なこと
父親／夫(パートナー)		
(別居中の) 子どもの父親		
妊婦の母親		
妊婦の父親		
子どもの父親の母親		
子どもの父親の父親		
妊婦のきょうだい		
友人		

21「出産についてどのようなサポートを希望しますか。どんなサポートを得られますか」

肯定的な思い	
否定的な思い	

サポートしてくれそうな人たちに、母親／両親が自分の気持ちを話すように促してあげましょう。

Ⅷ　赤ちゃんへの授乳についての期待や不安

22「赤ちゃんにどのように、母乳で授乳しようと考えていますか。授乳はどんな感じだろうと思いますか」

	肯定的な思い	否定的な思い
母乳		
人工授乳		

23 父親／夫（パートナー）への質問：「赤ちゃんへの授乳についてどのように考えていますか。授乳についてどう思いますか」

	肯定的な思い	否定的な思い
母乳		
人工授乳		

この項目については、母乳について非常に否定的な思いが強い親とはさらに話し合っておいてください。親が母乳に対して、なぜそれほど否定的なのかを把握するように努めてください。しかし、その親自身にとって母乳が不可能なようならば、（母乳以外の方法での）授乳時に赤ちゃんに親密さや優しさを示すように親をサポートしましょう。

Ⅸ　親のカップル関係の変化

24「子どもの誕生によってカップル関係が変わることはよくありますし、パートナー間での愛情表現が減ることもあります。あなたの場合どうなると思いますか」

親（パートナー間）のきずなの維持のために、できるだけ良好なカップル関係を保てるように、日常の暮らしでどのようにお互いに優しさを表現すればよいかについて話すとよいです。

Ⅹ　家庭の経済状況と居住環境

25「子どもができると家庭の経済状況にも影響がありえます。経済的にやっていけそうかどうか心配ですか」

心配あり	（理由）
心配なし	

26「住まいについてはいかがですか。心配や気がかりがありますか」

心配あり	（理由）
心配なし	

XI　人生の大きな出来事

27「自分の人生で、あなた自身や赤ちゃんに影響しそうなことが起こりましたか」

はい	（具体的に）
いいえ	

XII　むすび

28「ほかに話しておきたいことがありますか」

はい	（具体的に）
いいえ	

インタビューはポジティブで心温まるような終わり方が大切です。困難や心配事が明らかになったとしても、サポートや可能な解決策も確認しましょう。簡潔にまとめをすることも有用です。最後のまとめは、親のリソース（人的・社会的資源、ささえ）をほんとうに増やすようなコメントで結ぶとよいでしょう。最後に、今回確認したことについて後日また話し合えることを親に伝え、次回の対話の日取りを親といっしょに考えます。

出典：Hastrup & Puura (2011) より、著者訳出。

対話のための●インタビューガイド 2

産後の親子コミュニケーション支援の手引き

Ⅰ 対話・インタビューの目的

この対話・インタビューの目的は、子どもの出生や世話、家族の状況、子どもを気遣っている親の考え、気持ち、心配事に関連する事柄について話すことです。

- （親に対応するあなたは）さまざまな状況 —— 母親が子どもの父親とカップル関係にあるのか、ないのか、両親いっしょなのか母親だけなのか、など——によって、質問のいくつかについて聞き方を変更しなければならなくなります。また、このインタビューガイドでは、子どもを気遣っているおとなたちを指して「親」「両親」という表現を用いています。
- 赤ちゃんがインタビューに同席することが望まれます。赤ちゃんと親のあいだのコミュニケーションをあなたの目で観察できるからです。
- インタビューをしながら、親が赤ちゃんを抱っこして赤ちゃんに優しさを表現するように励まし、語りかけ、微笑みかけ、赤ちゃんのメッセージを確認して応対しながら赤ちゃんとコミュニケーションをとるように勧めましょう。

【注意】子どもに接する親が無感情、粗暴、怒っているようすであることに気づいたら、そのことを話題にして親と話しましょう。たとえば、なんだか赤ちゃんのことであなたはいらだっているようにも見えますが、どうでしょうか、どんな感じがしていますか、というふうに。そして、至急その家族への支援の手立てをしましょう。もし、親が疲れている・落ち込んでいると言ったら、まずその家族に家事支援を手配し、それからその家族が他にどのような支援を必要としているかを把握しましょう。
自分でどう対応したらよいかわからなければ、近いうちにその家族にネウボラ健診へ来てもらい、それまでのあいだに、あなたの同僚の専門家たちからこの家族への対応について助言を求めましょう。

Ⅱ　出産について

1「**お産はどうでしたか**」

●お産について、どんなふうに感じたか、なにか困難があったかなど、話すよう親／両親にすすめましょう。

●出産後にすでに親に会ったのなら、次のように質問できます。
「この前少しお産について話しましたね。お産の経験、今はどんなふうに思っていますか」

Ⅲ　精神面での健康

2「**赤ちゃんがここにいて、今どう感じますか**」

●肯定的な感情――その感情を支持して強め、家族の他のメンバーともその思いを分かち合うように勧めてください。

●否定的な感情（不安、ゆきづまり、赤ちゃんのことを遠く、あるいは、やっかいに感じる、疲れ）――親の言うことを傾聴し、親同士が互いの思いを相手に語り合うように励ましてあげてください。一方の親が、もう一方の親とうまく話せないか話しても仕方がないと思っている場合、まず親にあなたの支援を言葉で伝え、必要なら親が専門家（ネウボラ心理士、家族ネウボラ、児童精神科医）の支援を得られるように支援しましょう。

3「**自分の気持ちをお互いに語りましたか**」

●カップル間のコミュニケーションになにか問題がある場合、次の質問によって、親があなたに向かって自分の気持ちを語ってくれるようにして、コミュニケーションの手本を示しましょう。

4「**あなたの気持ち、私にもっと話してくれますか**」

●親の否定的な感情に対して批判したりとがめたりせずに、ただそのまま受けとめましょう。否定的、あるいはもやもやした気持ちは、一般に次のようなものです。

- 子どもの精神面、身体面の健康や発達に関する恐れや自責の念
- 「良き母／父かどうか」―― 不十分だという気持ち、不十分ではないか

という疑念、ネグレクトや拒絶についての親自身の経験
- ・極端に張り詰めた気持ち、いらだち、絶望、希望のなさ、あるいは空虚さの経験――これらは、うつの症状

- 親の否定的な感情の内容、そして、その感情が誰に向けられているかを理解しようとすることが大切です。
  - ・自分自身に向けられた否定的な感情（たとえば、親役割をりっぱに果たせていないという気持ち、不確実さ、驚き、虚無感など）
  - ・子どもに向けられた否定的な感情（たとえば、この子はやっかいで扱いにくいなど）
  - ・周囲への否定的な感情（たとえば、家族、親族、隣人、ネウボラ、病院、福祉部署）
- 上記の困難への対応では、次の方法を使うことができます。
  - ・子どもの成長や子育てのやりかたについて考えてみるよう、親を支えましょう。必要なら情報を提供し、うまくできている子育てには肯定的な感想を親に伝え、親が問題だと感じている状況を打開するために新しい解決策を探すよう支援しましょう。
  - ・自分の思いを親同士お互いに伝え合い、ほかの家族にも伝えるように励まし、自分に必要な支援を求めるよう促しましょう。
  - ・必要なら母親が心理面か社会福祉の支援を得られるように支えましょう。落ち込んでしまっている人（希望がない、絶望している、無関心でいる、虚無のようす）、非常に塞ぎ込んでいる母親にはとくに留意し、こうした母親たちへの対応についてはネウボラの上司やメンタルヘルスの専門家に相談しなければなりません。

Ⅳ　家族の態度とサポート

5「赤ちゃんの誕生は、家族にどのように影響していますか」
訪問時に母親が1人きりなら、「夫／パートナー・子どもの父親は赤ちゃんにどのように接していますか。どんなふうに感じていると思いますか」

●反応／変化が肯定的なら、それを支持し強めてください。

●反応／変化が否定的なら、親同士でいっしょに解決策について話し合うように勧めてください（たとえば、子どもの世話、家事の分担、カップルだけの時間をもつこと）。

6「**きょうだいたちは、赤ちゃんにどのように接していますか**」

●必要に応じて、きょうだいの嫉妬、いたずら、あるいは、いたずらのおそれにまで話を広げてください。

「**おじいちゃん、おばあちゃんはどうですか**」

V　きょうだいたち（他の子どもたち）についての心配事

7「**お子さん、どんなふうに育っていますか**」
「**お子さん、どうしていますか**」

●肯定的な見解――それを支持し強めてください。

●否定的な見解――次の質問で事情を知りたがっていることを伝えてください。

8「**心配事をもっと話してみてくれますか**」

●適切なタイミングで、子どもの発達についての情報を提供しましょう。そうすることで、親の悩みが軽くなることもあります。

●訪問時に母親が１人きりなら、たとえば次のような質問をして、パートナーといっしょに心配していることについて話すように勧めてください。

9「**そのことについて、パートナーにもう話しましたか**」
「**パートナーはどう考えていますか**」

●解決策をパートナーといっしょに探すよう勧めましょう。

10「**パートナーの考えでは、どうしたら子どもがもっと元気で幸せになるでしょうか**」

●パートナーに解決のための提案があれば、支持しましょう。

●そうした提案がなければ（あるいは、パートナーが母親を支持しない場合）母親にあなたと問題について話すよう、あるいは、必要なら、適切な第三者から支援を求めるように勧めましょう。

Ⅵ　子どもについての親の見方

11「あなたのお子さんはどんなふうですか」

●肯定的な見解――支持してください。

●否定的な見解――子どもとの関係で親にどのような困難があるのか、次の質問で、確認しましょう。

12「お子さんのことで、どんなことがいちばんたいへんですか」

●この段階（0～3か月）の子どもは親にとって難しいかもしれません。子どもには睡眠、授乳、覚醒の基本的なリズムがまだできておらず、親と子どもとのコミュニケーションもまだはっきりしないからです。これらのことは上述の質問をするときに確認しましょう。

●子どもに対して特別に否定的な見方をしている親にはとくに留意しましょう。このような家族については、たとえば上司と話し合う、あるいは、必要なら、家族が専門的な支援を受けるように手配しましょう（ネウボラ心理士、家族ネウボラ、精神科外来、児童精神科医）。

Ⅶ　母親と赤ちゃんのコミュニケーション

13「赤ちゃんにどんなふうに授乳していますか」

「授乳はどんな感じですか」

●授乳のあいだ、母親と赤ちゃんが近くなるよう、赤ちゃんを近くに抱き寄せるよう、視線のコンタクト、授乳の合間に母親が赤ちゃんを見守るよう支えましょう。

14「授乳・食事は何回くらいですか」

●赤ちゃんの必要に応じた授乳・食事、間隔のばらつき

●親のはたらきかけでの授乳リズム・親の授乳間隔

15「授乳・食事はどんな感じがしますか」

「パートナーはどんなようすですか」

●授乳・食事が難しい場合、母親がどう解決しようと考えているかを確認しましょう。

16「**赤ちゃんの睡眠はどうですか**」

●何時間程度か、頻度はどうか、どのように眠っているか、など。

●睡眠に問題がある場合、母親にこれからの見通しを話すよう促し、必要なら可能な解決策を考えるように勧めましょう。

17「**赤ちゃんがもっとよく眠ってくれるように、どうすればよいと思いますか**」

「**もう何か試してみましたか**」

●パートナーや家族といっしょに解決策を工夫するよう、母親に勧めてみましょう。

18「**赤ちゃんの泣き声で、いつお腹が空いたかわかりますか**」

「**お腹が空いて泣く声は、どことなくちがっていますか**」

●必要なら、赤ちゃんの泣き声のいろいろな意味についてさらに気をつけてみるように母親に勧めてみましょう。

19「**赤ちゃんの泣き声には、いろんな意味がたくさんあることにきっと気づいたでしょう。赤ちゃんに返事をしてあげれば、あなたが赤ちゃんのことをわかっていると伝えられます**」

「**赤ちゃんに話しかけていますか**」

「(**いつ、どこで、どのように話しているのか**)**教えてください**」

「**話しかけることはどのくらい大切でしょうか**」

Ⅷ　父親（もう一方の親）と赤ちゃんのコミュニケーション

20「**授乳・食事はどんな感じがしますか**」

「**パートナーはどんなようすですか**」

●授乳・食事が難しい場合、もう一方の親としてはどう解決しようと考えているかを確認しましょう。

21「**あなたとしては、赤ちゃんの睡眠についてどう思いますか**」

●もう一方の親は、赤ちゃんの睡眠について、たとえば、睡眠の長さや場所などについて、母親とは異なる見方をしていることもあります。

22「**赤ちゃんがもっとよく眠ってくれるように、どうすればよいと思いますか**」
「**もう何か試してみましたか**」

●パートナーや家族といっしょに解決策を工夫するようこの親に勧めてみましょう。

23「**赤ちゃんの泣き声で、いつお腹が空いたかわかりますか**」
「**お腹が空いて泣く声は、どことなくちがっていますか**」

●必要なら、赤ちゃんの泣き声のいろいろな意味（夜泣きなど）についてさらに気をつけてみるように、次の質問をして、この親に勧めてみましょう。

24「**赤ちゃんの泣き声には、いろんな意味がたくさんあることにきっと気づいたでしょう。赤ちゃんに返事をしてあげれば、あなたが赤ちゃんのことをわかっていると伝えられます**」
「**赤ちゃんに話しかけていますか**」
「（**いつ、どこで、どのように話しているのか）教えてください**」
「**話しかけることはどのくらい大切でしょうか**」

Ⅸ　赤ちゃんのニーズに応える親の力

25「**親のどちらか一方か両方が、なだめたり落ち着かせるのが難しいくらい、赤ちゃんが泣くことがありますか**」

●この質問の意図は、親が赤ちゃんの気分の悪さを我慢したり和らげたりできるかどうか、この親たちには難しすぎるのかどうかを確認することです（たとえば、親が赤ちゃんの泣き声にびっくりしたり、パニックに陥ったり、子どもを放置したりするかどうか）。

●泣く赤ちゃんを落ち着かせる方法について、親と話し合いましょう。このことで、親が失敗したという思いにならないことが大切です。赤ちゃんによっては、ほんとうにたくさん泣いて落ち着かせるのが難しいのです。

●赤ちゃんの泣き声に対して無関心でいるか、あからさまに拒絶する（たとえば、「泣くのが大嫌いだ」と言う）話す親には、専門家の支援につなげましょう（ネウボラ心理士、家族ネウボラ、精神科外来、児童精神科医）。

●親のどちらか一方、あるいは両方が、不機嫌な赤ちゃんを耐えられない場合には、次の質問をして、パートナーの支えを求めるか、親しいほかのおとなの支えを求めるよう勧めましょう。

26「**耐えられないときに、誰か助けてくれる人がいますか**」

Ⅹ　家族の経済状況と居住環境

27「**子どもができると家庭の経済状況にも影響がありえます。経済的にやっていけそうかどうか心配ですか**」

「**以前にお目にかかったとき、経済面で心配しておられましたね。今はいかがですか**」

「**住まいについてはいかがでしょう。心配事がありますか**」

Ⅺ　人生の大きなできごと

28「**自分の人生で、あなた自身や赤ちゃんに影響しそうなことが起こりましたか**」

「**前回のお話では…（話題になったできごと）。今はいかがですか**」

Ⅻ　むすび

29「**ほかに話しておきたいことがありますか**」

- インタビューはポジティブで心温まるような終わり方が大切です。困難や心配事が明らかになったとしても、サポートや可能な解決策も確認しましょう。簡潔にまとめをすることも有用です。
  最後のまとめは、親のリソース（人的・社会的資源、支え）をほんとうに増やすようなコメントで結ぶとよいでしょう。
- 最後に、今回確認したことについて後日また話し合えることを伝え、次回の対話の日取りを親といっしょに考えます。
  インタビューのあいだ、親子間のコミュニケーションについて観察し確認しましょう。
  母親と父親（もう一方の親）の子どもとの接し方について、次の事項に留意しましょう。
  - 子どもの抱っこの仕方
  - アイ・コンタクト
  - 子どもへの語りかけ
  - 子どもといることを楽しんでいる
  - 子どもの不機嫌さ（泣く・ぐずる）への忍耐
  - 子どものメッセージの理解と反応

出典：Hastrup & Puura (2011b) より著者訳出。

4 ネウボラのあゆみ

現在のネウボラは、妊娠期から就学前の子育て支援サービスの基幹として定着・浸透しています。法的根拠を得て制度化に至ったのは1944年でしたが、ある日突然、降ってわいたようにネウボラが出現したのではありません。制度化に先立つ約20年あまり前からのネウボラの萌芽と形成の過程には、専門職のありよう、民間・地域と行政・専門職の関係、活動への社会的評価としての調査研究の社会還元、活動の制度化と標準化などについて考えるうえで、興味深い要素が数多くみられます。

ネウボラの誕生の歴史的背景 ●飢餓・貧困・内戦のつまずきを超えて

およそ1世紀前のフィンランドはヨーロッパ北端の貧しい農業国でした。まだ福祉国家もなく、生活困窮者への救済は主に教会を中心とする慈善活動でした。20世紀初頭までのフィンランドの経済社会史を振り返れば、凶作による飢餓に加え、農村部から都市部への人口移動にともなう貧困問題が顕在化し、子どもや妊婦たちの命もしばしば脅威にさらされました。さらに、ロシアからの独立（1917年）直後には内戦（1918年）が勃発し、乳児死亡率は急速に悪化してしまいました（**図6**）。

内戦はC. マンネルヘイム（C.E.G. Mannerheim）将軍の指揮した白軍の勝利で終結しますが、国民を二分し血を流した争いが起こってしまったことで、表面上は鎮静化されても、国内の政治には反目や亀裂の禍根を残し、その融和には時間もかかりました。1920年代、児童保護の理念と法制度化が政府内の審議会で検討されましたが、財政負担増への懸念、従前からの救貧法との整合性への疑念などから進展せず、児童保護法の成立は1936年でした[1]。1920年代のフィンランドの総人口は約300万人、この3分の1にあたる約100万人が15歳未満人口で占められ、子どもたちは少なからず貧困や不適

図 6 ●乳児死亡率の推移（1917-2014 年）o/oo

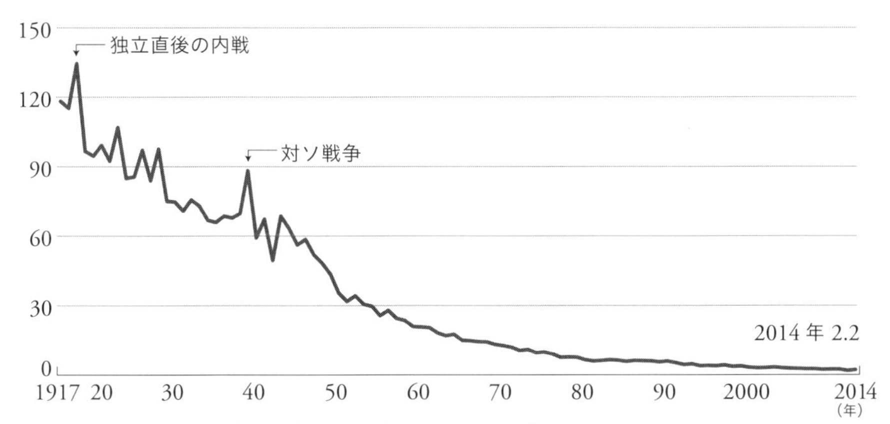

●‰ パーミル＝千分率。乳児 1000 人あたりの死亡数。
●このグラフは、1917 年（フィンランド独立の年）以降であるが、フィンランドの人口統計そのものは、1700 年代半ばまでさかのぼることができる。
出典：Statistics Finland 2015 年 4 月日付より著者訳出。
http://pxnet2.stat.fi/PXWeb/sq/c8a142d628-f6d8-44e9-ab8a-3c25a19459b9

切な生活環境にさらされていました。

当時、労働者階級や低所得層の女性たちには妊婦健診が定着しておらず、妊娠期、周産期や乳幼児期の母子の健康リスク（衛生、栄養、生活習慣等）はほとんど放置されていました。これがネウボラ萌芽期初期のフィンランドの状況でした。内戦の負の遺産ともいえる政治イデオロギー対立（左右両極の対立）の深い溝のために、政府レベルの具体的な対応は遅々として進みませんでした。このような時代に、フィンランドの母子支援は、医師や保健師・看護師らを中心とする民間の取り組みとして地域で始まりました。当初の喫緊の課題は、新生児・乳児と母親の健康のために衛生・栄養面での助言と情報提供をすること、そして、妊娠の初期から妊婦みんなを定期健診につなげることでした。

小児科医アルヴォ・ユルッポ（Arvö Ylppo, 1887-1992）[2]らは、母子支援活動のための民間団体マンネルヘイム児童保護連合[3]（以下、MLL と記載）の創設（1922 年）に尽力しました。MLL の組織と地域母子保健の方向性についてのユルッポの信念は 1919 年の手記の中に読みとることができます。

「幼子の世話をするすべての母親たち、貧しい母親にも裕福な母親にもあまねく、直接のアドバイスを得る機会、さらに必要なときには直接の援助が得られる機会を提供するために、1 つにまとまった中央組織をつくらなければならない」[4]

個別の家族の経済状況によって支援対象の特定を優先させるのではなく、すべての母子と家族を包み込む子ども家族支援という理念は、今日のフィンランドにおいても、子育て家族支援の保健・社会福祉サービスと社会保障の基盤として引き継がれています。児童保護の法制度の整備が進まなかったあいだにも、ユルッポ教授はすでに 1921 年には母子の健康増進のために次のような具体的な方策を考えていました。

①医師や看護師による無料相談：対象は乳児の母親全員であり、乳児の世話や母子の栄養問題、とくに母乳の大切さについての助言や相談を行う。

②児童養護（児童保護）が必要な子どもたち全員について、看護師ら専門家が生活状況を把握・監督する。

③親のいない子どもたちや、なんらかの理由で母親が世話をできない子どもたちには、適切な世話を受けられる居場所を確保する。

④健康法上の目的は住宅環境・衛生状態の改善であるが、場合によっては、一般市民にわかりやすい言葉・表現での個別の助言や家庭訪問を行う。[5]

この提言は、1921 年のものとも思えないほど、大半が今でも通用する内容です。ユルッポ教授は小児科医としての臨床と情報分析から、1921年時点のフィンランドの乳児たちについて、10人のうち7人は社会的な、家庭以外の世話や支援を必要としていると推定しました。この子たちの生活改善のためには、印刷物での啓発広報だけでは不十分で、個別に1人ひとりへの助言やガイダンスが必要なこと、そのための法制度も整備すべきだと指摘していました。[6]

それでも、ユルッポ教授の鶴のひと声でネウボラが難なく定着・発展していったわけではありません。予定調和のように、1920年代の提言がすぐに広く支持されて、今のネウボラが在るとするのは早計です。実際には、民間の支援団体の足並みをそろえることも容易ではなく、また、フィンランド政府が制度化へと踏み切るまでの数十年は、民間団体の事業として資金調達と専門職育成などでの苦労や困難が絶えなかったとされます。21世紀のフィンランド社会やネウボラは、民間主導の時期も制度化以降の時期も、「どうすればよりよくなるだろうか」という内省、調査研究、そして、スタッフ間の「対話」も含めた現場での創意工夫の積み重ねでできた土台の上にあります。

冬の戸外で眠る赤ちゃんたち

column

政策・制度面での提言だけでなく、ユルッポ教授は、乳幼児の健康増進のための実用的な啓発にも積極的でした。氷点下になる冬季でも、戸外で一定時間過ごすほうがずっと室内にいるよりも、乳幼児の健康にはよいことを広く啓発・推奨しました。

現在のフィンランドでは、寒い外気のなかで、しっかりと衣類や防寒装備をした赤ちゃんが、ベビーカーですやすやと眠る姿は普通の光景になっています。このような戸外での過ごし方は、防寒の衣類・装備、おとなの監督などについて専門家の具体的な助言があり、決して戸外に放置しているわけではありません。

ネウボラの始動 ●1922年〜

最初のネウボラはヘルシンキ市内のラステンリンナ小児科病院[7]に併設され1922年[8]から活動を始めました。この直前の時期、1918年にソフィー・マンネルヘイム[9]（Sophie Mannerheim）がヘルシンキ市内にラステンリンナ（子どもたちのお城）という母子世帯向け一時保護シェルターを開設し、住まいの提供と子育て相談支援を始めていました。この施設は、MLL結成後に1921年に小児科病院として活動を再開し、翌年にはこの病院の一角に初のネウボラ拠点が開所しました。ユルッポ教授1人だけではなく、民間団体MLLの主導での子どもネウボラの始動に至り、その後、フィンランド赤十字社[10]（SPR）の協力を得て都市部を中心に徐々に拠点が増え、1939年には160〜170の子どもネウボラがあり、法制度が整備された1944年にはすでに300箇所のネウボラがあったとされます。

一方、出産ネウボラの歩みは子どもネウボラよりも緩やかでした。ヘルシンキでの最初の出産ネウボラは1926年に開所、1941年には医師をリーダーとする出産ネウボラは36箇所しかありませんでした。MLLがSPRとともに出産ネウボラ活動を後押しした結果、1944年の出産ネウボラは子どもネウボラと同数の300箇所に追いつきました。[11] 産科単独でのネウボラ運営の困難さが伺い知れます。

ネウボラ拠点を増やし活動を広げていくためには、専門職の養成・確保が喫緊の課題でした。したがって、小児科医療とともに看護師・助産師の専門教育や研究活動の機能も兼ね備えたラステンリンナ小児科病院で、ネウボラが産声を上げたことには大きな意味がありました。国からの一部助成を得て看護・助産・保健の専門職養成も実現し、健康予防や生活改善の視点を取り

図 7 ● ネウボラの萌芽から制度化・標準化への見取り図

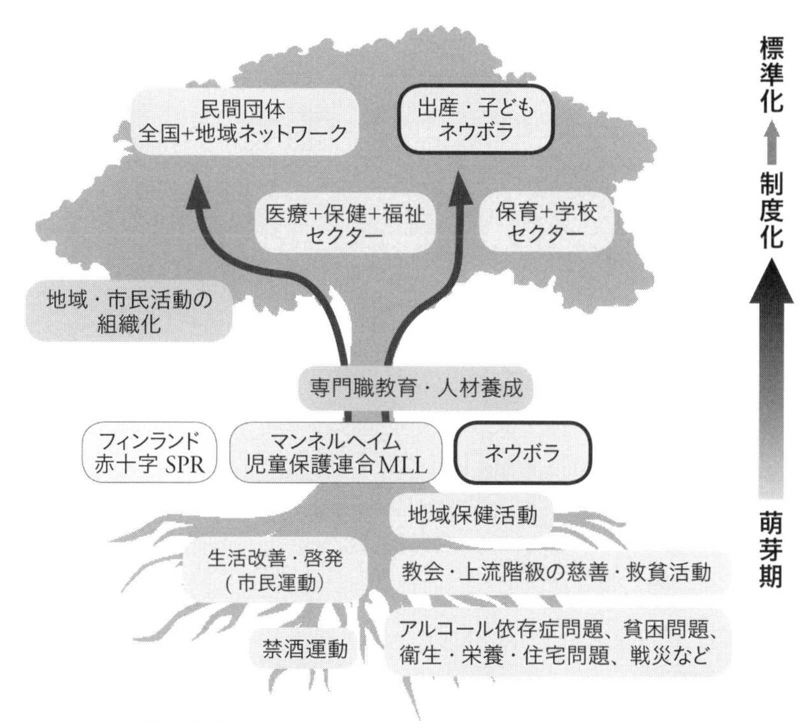

木をイメージして著者作成。

入れた専門研修は当時の看護師や助産師にとって斬新であり、その後の保健師養成への展開につながるものでした。[12]

病気や体調不良になってからの医療ケアだけでなく、予防的なアプローチが健康の維持・向上に資するという、今でこそ自明視されている見方ですが、衛生・栄養・住まいといった生活の基本を整えることは、感染症その他の疾病や栄養失調を減じる個別の健康管理とともに、下水道や飲料水、居住・生活環境の整備といった都市計画にも大切な視点です。

MLL は首都圏にとどまらず国内各地に支部を設立し、地域母子保健・児童保護活動の全国ネットワークを形成していきました。MLL だけではなく1920 年代から 1940 年代初頭にかけて、この分野での民間団体も数多く創設され、今日でも重要な活動を続けている例が少なくありません。[13]

民間のアイディアから生まれた育児パッケージ

MLL が運営していた出産・子どもネウボラは、乳児死亡率の改善や利用者の満足度での成果がみられました。ネウボラ活動のパイオニアたちは、専門職の支援サービスが母子にとって身近で利用しやすいことを重視し、ネウボラを地元の地域で母子が来所しやすい場所に開設し、助産師や保健師たちは地域巡回・家庭訪問にも出向いていきました。[14] 今日までネウボラの敷居の低さは継承されています。

一方、ネウボラ健診に全員がつながるようにすることは大きな課題でした。工夫を重ねながら、妊婦健診の定期的な受診を条件として、育児パッケージ（乳児の衣類やケア用品の詰め合わせ）を無料頒布する仕組みが考案されました。育児パッケージ（äitiyspakkaus）とは直訳すれば「母性パッケージ」という意味であり、まもなく母親になる女性たちが必要とするシーツ・布製品などのプレゼントでした。このパッケージには大きな反響と効果があり、妊婦健診の受診率が向上した成果が評価され、制度化へと展開していきました。現在は、1937 年に法制化された母親手当（äitiysavustus）の現物支給の選択肢として定着しています。当初あった所得制限は 1945 年に緩和され 1949 年には全面撤廃されて、生まれてくる子ども全員への、社会からの祝福と歓迎のシンボルになっています。時を経て、育児パッケージの内容も充実して今の姿になっています（本書冒頭の写真ページ参照）。パッケージの意義はそれだけではありません。パッケージを受け取るという体験が、世代間・子育て家族間で共有されて、子育てへの共感がひろく社会に浸透していったともいえます。

ネウボラの制度化・標準化 ●1944年〜

1944年の制度化は、市町村自治体に地域住民のニーズに対応するためにネウボラの設置を義務づけ、1945年以降の全国的な普及へと展開しました。1930年代後半には少子化が政策課題とされるようになり、フィンランド政府が1937年に設置した人口問題審議会[15]は、1942年の答申で、出生率の向上、妊婦健診の推進、乳児死亡率の改善、乳幼児の健康な成長（健康なおとなになること）を提言し、具体的には出産・子どもネウボラと市町村自治体の助産師の重要性を強調しました。[16]

ネウボラは1944年の制度化を契機に1954年には出産ネウボラは2800あまり（中核的なネウボラ759か所と支所2096か所）、子どもネウボラは3700（中心的なネウボラ780か所と支所2920か所）へと急増しました。出産・子どもネウボラはこうして地方へも普及していきました。1950年代には乳児死亡率や分娩時の母親の死亡率が改善されました。一方、この時期には国内の人口移動・都市化も急速に進み、これはネウボラにも影響しました。出産ネウボラは、1961年には2300か所ありましたが、1970年には404か所に集約されました。大幅に減少したのは支所で、中核拠点の出産ネウボラの数には大きな変化はなかったとされます。[17] 1972年の健康法（Terveyslaki）のもとで自治体運営の地域の行政組織としての医療センターが整備されていった時期には、出産・子どもネウボラはしばしば地域医療センターの一部として活動していました。[18] このセンターの運営上、出産ネウボラの健診を担当するポストは、徐々に助産師から保健師へと比重が移っていきました。

制度化を経て1970年代頃までは、医師、保健師および助産師を中心とする医療モデルが主流で、白衣の医療専門職たちが妊婦や母子に助言や健康指導を行うようすが写真資料に記録され、歴史のひとコマになっています。現在のネウボラで親や子どもと専門職が面談している風景には白衣はほとんど見られなくなりました。親子・家族との対話を重ねながら信頼関係を築いていくネウボラ保健師は、問題の早期発見・リスク予防のキーパーソンとしての生活支援モデルを体現しています。[19]

今日求められるネウボラ保健師の専門性

今日、ネウボラの利用者にとって、もっとも身近なスタッフは、主に保健師です。

フィンランドで保健師になるには、実用的な高等教育機関AMK（ammattikorkeakoulu, university of applied sciences: 応用科学大学）で4年間の専門課程を修了する必要があります。日本での学士レベル（4年制大学）の課程に相当します。現在では、保健師カリキュラムも改善が重ねられ、従来からの健康予防の知識習得に加え、対人相談支援に備えて健診シミュレーション演習が重視されています。

ネウボラのスタッフになってからも、継続研修を重ねていきます。このような専門職教育・継続研修の整備によって、ネウボラでの1人ひとりへの健診・相談支援の質の「標準化」も進みました。

個別のサポートに関して、日本ではしばしば「担当者と利用者の相性に問題はないのか」という質問が出ますが、ネウボラ保健師たち自身はこの種の質問に首をかしげます。はじめから「全員を1人ひとりサポートする」ことを前提として、利用者本人との信頼を仕事の出発点とする専門職にとっては、相性はほとんど問題にはなりません。また、利用者たちの満足度に関する調査研究からも、ネウボラ・スタッフとの相性へのクレームは浮上していません。日本の専門職養成において、医療的な専門性とともに利用者本人の目線に接近する対話力が重視されるようになれば、相性への懸念も軽減されるかもしれません。

現在のネウボラでは、利用者本人との信頼関係を築くポイントは、以下のこととされています。

①初回の健診でのやりとりがスムーズにできること。

②かかりつけ（保健師）が利用者にとって話しやすい存在であること。

③保健師が利用者本人に共感し敬意をもって接すること。

④保健師と利用者本人とが協力し合えること。[20]

● 注

1 Pulma 1987: 149-154
2 ユルッポ教授は、ドイツ留学を経てフィンランドの小児科医療のパイオニアとなった。その生涯については次を参照。
http://www.ncbi.nlm.nih.gov/pmc/articles/PMC2675334/（英語）および
http://www.ylppo.fi/etusivu（フィンランド語）
3 Mannerheimin Lastensuojeluliitto, 英語名 The Mannerheim League for Child Welfare。同連合のウェブサイト http://www.mll.fi/ では英語でも情報提供している。
4 Pulma 1987: 188.
5 Turpeinen 1987: 394.
6 Turpeinen 1987: 394.
7 MLLの歴史参照（http://www.mll.fi/mll/historia/lastenlinna/）。
8 乳児の母親への相談支援活動そのものは1922年以前にも個人や民間グループの取り組みがある。たとえば、1890年代のフランスでの取り組みを参考に、Maitopisara（母乳の一滴）はヘルシンキで1904年に新生児と母親への栄養指導・相談支援を始めた（Korppi-Tommola 2015a）。より組織的で専門的な健診・相談支援活動がneuvola（ネウボラ）という名を冠して始まったのは1922年である。
9 Sophie Mannerheim（1863-1928）は、軍人・政治家C.G.E. Mannerheim（1867-1951）の姉であり、1899-1902年にロンドンの「フローレンス・ナイチンゲール・看護助産学校」で学び看護師資格を取得し、ヘルシンキに戻ってユルッポ教授とともにフィンランドの看護師養成に尽力した（Tallberg 2000; Korppi-Tommola 2015b）。
10 フィンランド赤十字社（Suomen Punainen Risti）は1877年に設立された。当時のフィンランドはロシア帝国の一部（大公国として多くの自治が認められていた）であり、ロシア帝国とオスマン帝国（トルコ）の間に勃発した露土戦争（1877-1878年）が、SPR設立の時代背景である。
11 Turpeinen 1987: 395.
12 Turpeinen 1987: 395-396
13 子ども保護の民間団体や自治体の代表組織として、Lastensuojelun keskusliitto（子ども保護中央連合）は1937年に創設され、今では97民間団体と37自治体がメンバー団体である。国からの助成金のほか、ヘルシンキ市内の遊園地リンナンマキ（Linnanmäki）の収益も財源の一部である。
14 Turpeinen 1987: 395.
15 フィンランド語での表記は、väestökomitea.
16 Turpeinen 1987: 398.
17 Turpeinen 1987: 399.
18 Turpeinen 1987: 400.
19 トゥルク市のネウボラでの著者インタビュー（2014年1月8日）。
20 Vaittinen 2011.

年表●子ども福祉・子育て支援改革のあゆみ

年	ことがら
1937	母親手当の導入 当初は低所得世帯対象 1948 年以降は所得制限撤廃、育児パッケージ、または現金の選択制
1944	ネウボラの制度化（市町村自治体の運営）
1948	児童手当の導入（0 ～ 16 歳の子ども全員に定額支給） 学校給食の無償化
1964	産休（母親休業）の制度化 疾病保険制度改革の一環。当初の休業期間は産前 18 日産後 36 日、計 54 勤務日★
1973	保育法制定（保育サービスについての市町村自治体の責任の明文化） 父親休業制度の導入
1978	親休業を両親が分けて取得できるよう制度改正
1983	子ども保護法制定
1985	在宅育児手当（3 歳未満児の自宅での子育てに手当金支給）の導入 育児休業法改正（3 歳未満児に自治体保育サービス利用の主体的な権利の保障）子育て支援制度の多元化のはじまり
1986	男女平等法
1987	男女平等オンブズマンを政府機関として設置
1991	父親のみが取得できる父親休業（手当金支給）の導入 その後も、2000 年代にかけて父親休業が延長されている
1994	法律婚・事実婚カップル間のレイプを犯罪として認定
1996	自治体保育サービス利用の権利保障を就学前の子どもにまで拡大 すべての乳幼児に公的保育の権利を保障 民間保育手当の導入（多元化の続き）
2000	6 歳児のための就学前教育（無償のプレスクール）の制度化
2005	子どもオンブズマン設置（子どもの権利保障）
2008	子ども保護法改正

★母親への産休手当の支給期間は、1972 年に 72 勤務日へと延長。その後 1970 年代には 105 勤務日、1980 年代に母親の産休 105 に加えて親休業 158 勤務日が追加され、今日に至っている。
子育てを含む家族のケアのための休業の法的根拠は , 雇用契約法第 4 章・第 1 条
「家庭生活と就労の両立」の課題は、フィンランドでは 1970 年代から認識されてきた。それ以前の時代は、医学面から、妊婦や乳幼児の健康管理と、母親の経済的な就労の必要性とのバランスが主に問われていたとされる。Saarinen 2009 参照。

Saarinen, Mauri 2009 Perhevapaat palkkahallinnon näkökulmasta. http://tilisanomat.fi/content/perhevapaat-palkka%C2%ADhallinnon-n%C3%A4k%C3%B6kulmasta（2015 年 10 月 4 日アクセス）
（著者作成）

もっとよく知りたい方のための

ネウボラ Q&A

問1　ネウボラとは、ボランティアの略称ですか？

Ⓐ　いいえ。ネウボラは、フィンランドの出産・子育て家族サポートセンターの正式名称です。市町村が運営し、スタッフは保健・医療・心理の専門職で、地方自治体の正規職員です。ネウボラでの定期健診・面談は無料で、妊婦・子育て家族全員を対象としています。ただし、ネウボラは国による強制的な管理ではなく、利用者は自発的に利用します。

問2　ネウボラが「ワンストップ」だということは、どのようなことですか？

Ⓐ　親・養育者たちは、出産や子育てに必要な支援を、ネウボラ１か所で受けられるということです。さまざまな制度や支援メニューのはざまで迷子にならないよう、利用者本人を中心に、1か所で、妊娠期から就学前まで適切な健診や支援につながることができます。ネウボラは地域住民に利用しやすい場所にあり、順番待ち（待機者）もありません。

問3　フィンランドの保健師や助産師は、日本と同じような国家資格制ですか？

Ⓐ　資格制ではありますが、国家試験はありません。保健師や助産師、医師、ソーシャルワーカーなどをはじめとして、フィンランドの医療・保健・福祉専門職は、それぞれの専門課程を修了することによって資格が得られます。保健師資格を取得するには、中等教育（高校に相当）後に、応用科学大学AMK（Ammattikorkeakoulu）という実務系の高等教育機関で、4年間の保健

師養成課程を修了する必要があります。

問4　日本とフィンランドの保健師の専門教育は、同じような内容ですか？

Ⓐ　フィンランドでは、ネウボラで個別の支援ができるよう、相談支援シミュレーションや現場実習を重視しています。これは、医学的な専門知識・技能とともに、利用者の生活全体や家族関係を視野に入れ、多様な母子・家族と個別に面談し、相談や支援ができるようにするためです。

問5　ネウボラのかかりつけ専門職には、「当たり外れ」はないのでしょうか？

Ⓐ　個別の保健師（助産師）の力量に大きな差異は指摘されていません。これは、専門職の養成教育・継続研修によって保証されます。（医師についても同様のことがいえます）

問6　かかりつけ専門職と利用者との相性には、問題は起きないのでしょうか？

Ⓐ　皆無でないとしても、非常にまれです。そうした問題が起こらないためにも、初回の健診（主に問診・面談）にはしっかり時間をかけて、スムーズな支援のスタートを切るための「初動」の重要性について、ネウボラ全体で共通認識があります。

問7　もし、相性の問題があれば、担当者を変更するのですか？

Ⓐ　相性の問題といわれる問題の具体的な内容にもよります。相性という個人のレベルの問題に断定してしまう前に、ネウボラのスタッフたちと、親や養育者本人との話し合いによって、対話・信頼関係を妨げている要因を特定していくことが大切です。ネウボラには複数のスタッフが配置されているので、どうしてもという場合には担当者は変更できます。

問8　ネウボラでは、どのように利用者に接しているのでしょうか？

A　ネウボラの専門職は、利用者の目線・立場に寄り添い、対話を重ね信頼をきずきます。妊婦、親・養育者たちはみんな性格、個性、価値観、仕事、生活状況などが異なるということを前提に、個別の健診を担います。

問9　出産・子どもネウボラでは、医師による健診の回数は少ないですが、妊婦や母子の健康管理に支障はないのでしょうか？

A　保健師（助産師）が、健診の主な担い手ですが、医療面でのリスクや問題があれば速やかに病院につなぎます。医師の役割（医療的な検査・診断・治療など）と、ネウボラ保健師らの役割（心身の健康維持、子育て不安への対応など）が、ともに利用者を支えています。地域医療や高度専門医療（大学病院など）との協力関係が、出産・子どもネウボラに不可欠です。

問10　「出産ネウボラ」と「子どもネウボラ」が別々の地区は、利用者に不便なのでは？

A　連結型でなくても、これらのネウボラが縦割りでばらばらに活動しているわけではありません。利用者本人の了承に基づいて担当者間での引き継ぎがあり、本人への不利益にも支援の質の低下にもならないよう配慮されています。

問11　家族ネウボラは、「出産・子どもネウボラ」と、どう異なりますか？

A　問題やリスクが特定された親子や家族について、より専門的な支援を担うのが家族ネウボラです。子ども・家族ソーシャルワーカー、心理士、専門医などによる対応が主になります。保健（健康維持・向上）から社会福祉（なんらかの問題をかかえる子育て中の家族への専門的な支援）へと専門領域が移ります。

問12　虐待やDVの早期予防は、ネウボラではどのように行われていますか？

Ⓐ　虐待やDVを健診時に必ず話題として取り上げることが、ネウボラでの最近の取り組みです。利用者や子ども（胎児）にとって重大なリスクが把握されれば、保護のために、ほかの専門機関（主に社会福祉部門・子ども保護や警察など）につなぎます。個人情報保護についても、緊急時の保護が手遅れにならないよう、例外規定（人命の安全を優先）があります。妊娠期であれば、「事前子ども保護」を社会福祉の子ども保護担当に連絡することもできます。

問13　地域社会と行政サービスとしてのネウボラは、どのような関係ですか？

Ⓐ　ネウボラは地域の母子や子育て家族が心身ともに健康に暮らせるよう支えます。ネウボラの専門職は、上から目線で利用者や地域の住民やグループを指導するようなことはしません。地域社会においてネウボラは、定着・浸透しており、ネウボラの保健師（助産師）たちは地域で「ネウボラおばさん」と親しみをもって呼ばれることを誇らしく思っています。

問14　妊娠中や子育て中に、似たような境遇の人たちと知り合える機会はありますか？

Ⓐ　ネウボラは、地域のグループの活動をよく把握し、健診に来る親たちに地域での支援活動の情報を積極的に提供し、地域のネットワークに利用者がつながり孤立しないようにサポートします。

問15　ネウボラ以外に、地域での民間グループ・団体はどのような支援活動をしていますか？

Ⓐ　親・養育者同士のゆるやかなつながり・集い、民間グループ・団体が運営する支援活動（子育てカフェ、余暇活動など）もさかんです。政府は、NPO（公式

の登録で法人格をもつ民間団体）に対して資金面でも支えています。NPOの規模や定着度は多様で、長い歴史をもつNPOのなかには、本部を中心に国内各地に支部をもち、ボランティア研修を実施している団体もあります。

問16　疾患や障がいのある子どもやその家族について、関連機関との連携は、具体的にどのように行っているのでしょうか？

Ⓐ　ネウボラでの十分な対話をふまえ、必要な支援や治療（専門機関）につなぎます。 障がいの程度にもよりますが、セラピスト（言語聴覚や運動の領域）や心理士もネウボラに専属または巡回で、個別の支援ニーズに応じて、セラピーやカウンセリングを行うことがあります。ピア・グループ（同じ問題をかかえる当事者同士のグループ）ともつながれるように情報提供もしています。

問17 10代の妊娠の場合はネウボラに来所すること自体むずかしいのでは？

Ⓐ　10代の妊娠の場合には、さまざまな専門職が支援に関わることになります。 フィンランドでは10代の妊娠や若者たちの「望まない妊娠」そのものが非常に少ないのが現状です。義務教育では必修科目としての「保健」の授業で性教育が実施され、学校保健師が生徒・学生の健康をサポートしています。

問18　「支援につながってほしい」と専門職が思う人ほど支援につながりにくいという問題は、フィンランドにもありますか？

Ⓐ　わずかですが、そうした問題はあります。 それでも、妊婦や親たちが孤立してしまわないよう、ネウボラへの来所が滞ったり連絡が途絶えたりするような場合には、社会福祉部門とも協力しながら、電話連絡や自宅訪問を通じてサポートにつながるように促しています。

5 フィンランドの子育て家族支援と社会保障

子育て家族支援と福祉国家

現在のフィンランドでは、「仕事と家庭・子育ての両立」という親（おとな）の課題だけでなく、「安定的な愛着形成」という母子・家族関係の課題への対応として、社会をあげての子育て支援が不可欠です。また同時に、家族そのものの多様化も進んでいます。（**表 10・11**）。

フィンランドでは、1960 年代初頭からスウェーデンなどをモデルとして北欧型福祉国家が発展しはじめました。女性就労が本格的に定着した時期でもあります。しかし、乳幼児を育てる女性や家族が就労と子育てを両立できるようにする政策対応は、子育てのありかたについての見解対立のために政治レベルでの意思決定が遅れてしまいました。この保育・幼児教育の制度の整備が停滞した 1960 年代後半から 1970 年代初頭にかけて、フィンランドの合計特殊出生率は下降しました（**図 8**）。

表 10● フィンランドの子育て家族の構成状況（子どもの年齢層別、2014 年）

		子どもの年齢層		
		0-2 歳	0-6 歳	0-17 歳
子どもと両親		157,328	364,075	867,462
	法律婚	107,608	268,733	685,947
	事実婚	49,720	95,342	181,515
子どもとひとり親		18,297	55,211	188,301
	母子	17,749	51,598	165,203
	父子	548	3,613	23,098
子ども総数		17,5625	419,286	1,055,763

出典：Statistics Finland, 家族統計 (2015 年 5 月 28 日付、アクセス 9 月 1 日)
http://pxnet2.stat.fi/PXWeb/sq/69cc77c3-71dc-4fef-b227-68de99fe48a8
http://pxnet2.stat.fi/PXWeb/sq/01ebc5cc-6b84-411d-af1c-110ff74f7cb3（著者訳出）

表 11 ● フィンランドの家族・総数と構成分布 1971 年、2002 年、2014 年

	夫婦のみ	夫婦と子ども	事実婚子ども無し	事実婚子ども有り	母子	父子	同性（男）	同性（女）	家族総数
1971年	260,562	722,001	19,100	6,800	126,394	19,021	-	-	1,153,878
2002年	454,977	492,524	170,368	107,443	157,143	29,093	207	192	1,411,947
2014年	527,238	429,811	211,673	121,499	149,668	31,342	991	1,444	1,473,666

注：同性カップルは、2000 年から公式統計に含まれるようになった。
出典：http://tilastokeskus.fi/til/perh/2014/perh_2014_2015-05-28_tau_001_fi.html
（2015 年 9 月 1 日アクセス）　（著者訳出）

図 8 ● 合計特殊出生率の推移、フィンランドと日本（1955 ～ 2014 年）

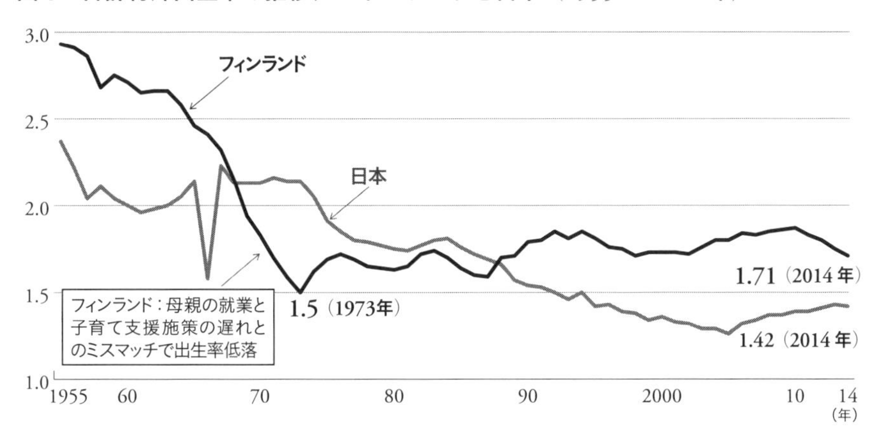

出典：フィンランド：Statistics Finland　*2014 は、2015 年 4 月 14 日更新データ
　　　日本：厚生労働省・人口動態統計　（著者作表）

フィンランドの婚姻・離婚の統計上の推移は、2000 年代では離婚件数は年間およそ 1 万 3 千件強（婚姻件数は年間およそ 2 万 5000 ～ 3 万件）でほぼ安定しています。

1973年の子ども保育法は、地域のニーズに対応した保育・幼児教育サービスの提供を市町村自治体に義務づけるものでした。フィンランドの保育園では、保育（親・養育者の就労と家庭生活の両立支援）と幼児教育（子どもの発達支援）が統合されています。スタッフは、幼児教育の教員（教職課程修士修了）と保育士（ケア職専門学校課程修了）です[1]。すでに述べてきたように、ネウボラの保健師は、定期的に保育園とも連絡を保ち、担当の子育て家族の状況を把握しを支援しています。

現在の母親手当・育児パッケージ

母親手当は、1937年に法律ができ、1938年から支給がはじまり、当初は全妊婦の約3分の2が受給しました。1949年以降は所得制限なく妊婦全員を対象とするようになりました[2]。現在では、妊娠が154日以上継続し、妊娠4か月までにネウボラ、またはその他の医療機関で妊婦健診を受診し、その際に発行される受診証明書を添えて国民保険庁KELAの地域事務所に提出・申請することが受給要件です[3]。申請要件は定住性と健診受診であって、国籍は問われません。

母親手当は現物支給の「育児パッケージ」か、現金のいずれかを選ぶことができます。母親手当は、出産予定日の2か月前までに申請でき（ネット申請も可能）、育児パッケージは、支給の決定から約2週間で配送されます。日本とは郵便事情が異なり、フィンランドでは大きな郵便物については自宅に届く到着通知書を持って最寄りの郵便局に引き取りに行きます。

育児パッケージは、フィンランドで考案された世界的にもユニークなものです。今では母親手当の支給は年間およそ6万件で、そのうち4万件は育児パッケージです。初産婦の大半は現金ではなく、パッケージを選んでいま

乳児の簡易ベッドにもなる箱の中に、かけ布団、マット、ベビー服からほ乳びん、オムツまで、重さ約8キロ約50点のベビー用品が、ぎっしり詰め込まれています。実用的で、毎年、デザインも変わるので、初産のお母さんに、人気があります。

（2016年版パッケージ）©Kela / Annika Söderblom

表12●母親手当と多胎妊娠への配慮

子どもの数	育児パッケージ	現金
1人	1個	140ユーロ
双子	3個	420ユーロ　1人：140 2人目：280（140×2）計420
三つ子	6個	840ユーロ 1人：140 2人目：280（140×2） 3人目：420（140×3）計840

1ユーロ＝約134円（2015年9月22日付レート）
出典:KELA, http://www.kela.fi/monikkoperheet（2015年9月1日アクセス）より著者訳出・作表。

す。[4] 多胎妊娠についても配慮されており、双子や三つ子を迎える家族への励ましともいえるでしょう。多胎妊娠の場合、母親手当の選択肢については、双子であれば子ども3人分、子どもは2人でも出産・育児の負荷への配慮として、「1＋2→3」という設定になっています。

育児パッケージ2個と140ユーロのように、現物と現金とを組み合わせることもできます。[5] なお、3つ子であれば、「1＋2＋3→6」という設定です。育児パッケージは商品ではなく、母親手当に関する法律に基づく社会保障の支給物なので、（執筆時点では）購入することはできません。中身の物品につ

図9●フィンランドの出産・子育て支援：支援サービスと社会保障

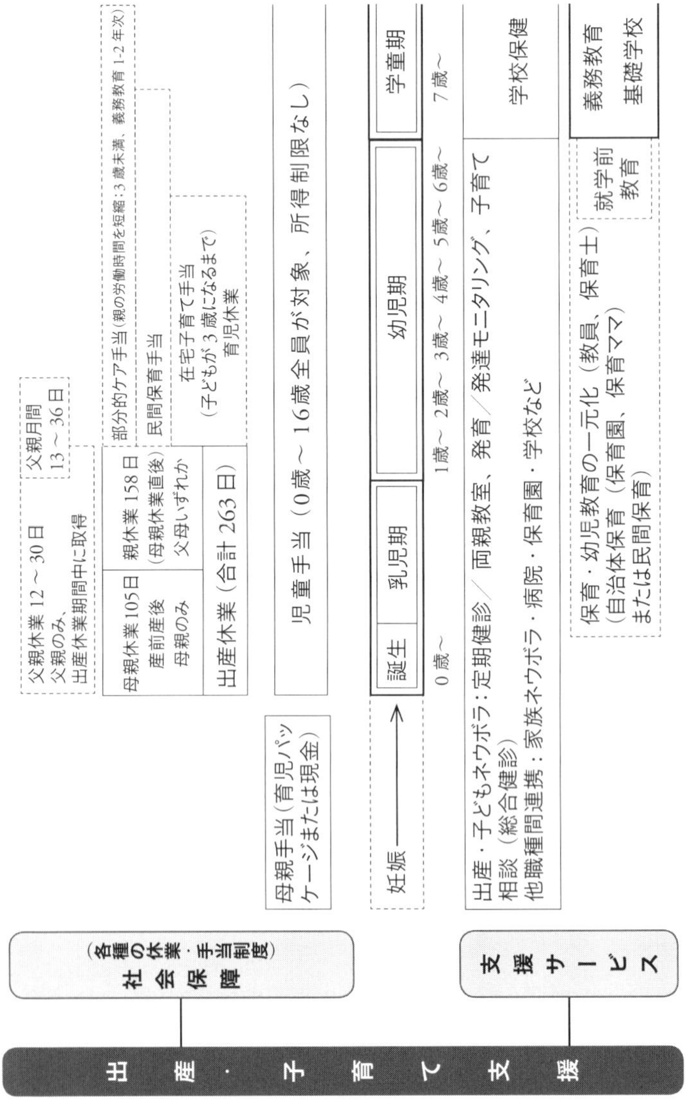

出産・子育て支援

社会保障
（各種の休業・手当制度）

父親休業 12～30日
父親のみ、
出産休業期間中に取得

父親月間
13～36日

母親休業105日
産前産後
母親のみ

親休業 158日
（母親休業直後）
父母いずれか

出産休業（合計 263日）

部分的ケア手当（親の労働時間を短縮：3 歳未満、義務教育 1-2 年次）

民間保育手当

在宅子育て手当
（子どもが 3 歳になるまで）
育児休業

母親手当（育児パッケージまたは現金）

児童手当（0歳～16歳全員が対象、所得制限なし）

妊娠 ──→ 誕生 ｜ 乳児期 ｜ 幼児期 ｜ 学童期

0 歳～　1歳～　2歳～　3歳～　4歳～　5歳～　6歳～　7 歳～

支援サービス

出産・子どもネウボラ：定期健診／両親教室、発育／発達モニタリング、子育て相談（総合健診）
他職種間連携：家族ネウボラ・病院・保育園・学校など

学校保健

保育・幼児教育の一元化（教員、保育士）
（自治体保育（保育園、保育ママ）
または民間保育）

就学前教育

義務教育
基礎学校

●在宅子育て手当と民間保育手当は、自治体保育サービスを利用しない場合の選択肢。
（著者作成）

図 10 ● 子育て家族からみた行政と民間の子育て支援活動

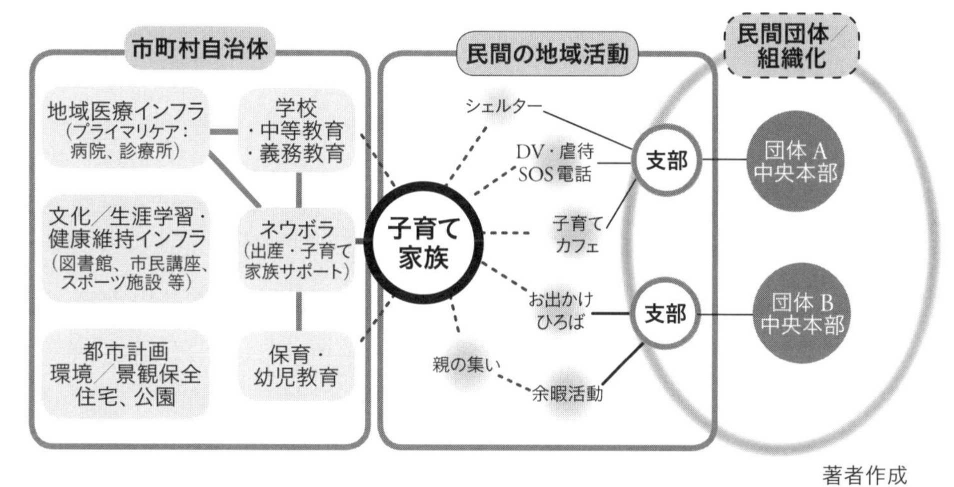

著者作成

いても、EUの法規に則り、入札を経て業者選定が行われています。[6]

本書ではネウボラに焦点を当ててきましたが、この最終章での総括として、子育て家族への社会保障と支援の全体像を確認しておきましょう(**図9**)。

ネウボラは子育て家族に寄り添いサポートする点で非常に重要な役割を担っており、また、育児パッケージ(母親手当)は、ネウボラとしっかりつながる動機づけとしてユニークで大切なものです。しかし、これらがすべてではなく、子育ての時間と所得保障から、子どもの成長とともに子育てコストに直結する学校教育にかかる費用をカバーする社会保障にいたるまで、子育て家族をしっかりと支える仕組みがあります。ただし、**図9**は、ある時点で特定の角度から、フィンランドの子育て家族支援の仕組みをとらえているスナップショットに過ぎません。普段の暮らしの視点からみれば、それぞれの子育て家族の日常の世界が地域で展開していることになります。

子育て家族を中心にして、行政や民間によるサポートの見取り図は、**図10**のように描くことができます。ネウボラはフィンランドの出産・子育て家族サポートにとって不可欠です。もっとも大切なことは、子育て支援の活動の担い手がさまざまであっても、子育て家族本人たちを中心に据えることです。

● 注

1 このケア職は、ラヒホイタヤ（lähihoitaja）と呼ばれ、中等教育レベルの職業専門教育課程の修了が要件である。ラヒホイタヤ教育は、医療・保健・福祉のそれぞれのケア職種に共通する統合的な専門職教育の基礎課程として1993年から実施されている。
2 KELA, http：//www.kela.fi/aitiysavustus-ja-aitiyspakkaus_aitiysavustuksen-historia（2015年9月1日アクセス）
3 KELA, http：//www.kela.fi/raskaus_aitiysavustus-ja-aitiyspakkaus（2015年9月1日アクセス）
4 KELA, http：//www.kela.fi/aitiysavustus-ja-aitiyspakkaus_aitiysavustuksen-historia（2015年9月1日アクセス）
5 KELA, http：//www.kela.fi/monikkoperheet （2015年9月1日アクセス）
6 KELA, http：//www.kela.fi/aitiyspakkaus（2015年9月1日アクセス）

フィンランド地図

フィンランド周辺図

国土総面積：303,892 ㎢
総人口：5,484,308 人（2015 年 9 月速報値）
人口密度：16.20 人／㎢
平均寿命：女性 83.9 歳、男性 78.2 歳
首都：ヘルシンキ市（人口 620,715 人）
現職大統領：サウリ・ニーニスト
（Sauli Niinistö ／ 2012 年 3 月選出）
公用語：フィンランド語・スウェーデン語
準公用語：サミ語・ロマ語・手話
通貨：ユーロ (1995 年 EU 加盟)
●とくに記載がなければ、数値は 2014 年末時点

フィンランドの市町村自治体 クンタ（kunta）

市町村自治体「クンタ」は、地域社会において
福祉国家を実現する重要な役割を担う。
クンタの数は合計 317
（本土 301 +オーランド 16、2015 年・執筆時点）
317 のクンタのうち「市 city」は 107
人口規模でみれば、全体のおよそ半数以上のクンタは、
6,000 人未満 。
中央値は、1クンタあたり約 5,900 人
最小は、Kaskinen 1,382 人
最大は、Helsinki 603,968 人 (2013 年末)

出典：http://www.kunnat.net/fi/tietopankit/tilastot/aluejaot/Sivut/default.aspx

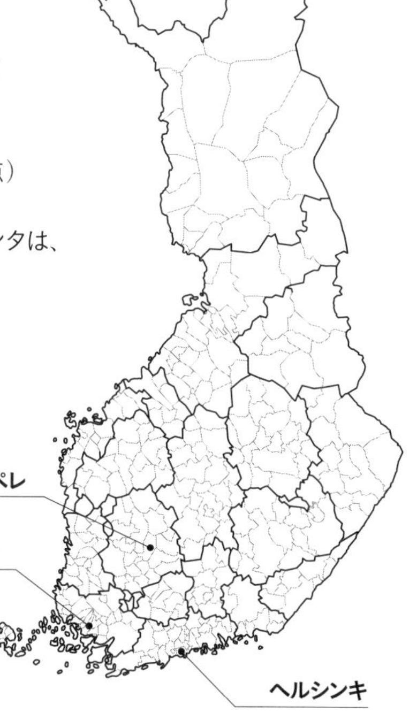

主要文献リスト

齋藤環（2014）「“開かれた対話”がもたらす回復：フィンランド発、統合失調症患者への介入手法『オープンダイアローグ』とは」『医学書院／週間医学界新聞』第3082号（2014年6月30日）
http://www.igakushoin.co.jp/paperDetail.do?id=PA03082_03（2015年5月5日アクセス）

齋藤環（著・訳）（2015）『オープンダイアローグとは何か』医学書院

下平美智代（2015）「さらに見えてきたオープンダイアローグ―フィンランド、ケロプダス病院見聞録」『精神看護』17巻、4号、106-122頁

髙橋睦子（2013）「面会交流と子どもの最善の利益―スウェーデンとフィンランドでの展開を中心に」『法律時報』85（4）、63-66頁

髙橋睦子（2014a）「妊娠期から就学前の子ども家族と予防的支援―フィンランドの『ネウボラ』を中心に」『世界の児童と母性』76号、81-86頁

髙橋睦子（2014b）「海外の動向・フィンランドにおける子育て支援（ネウボラ）：リスク予防と多職種間連携」『社会福祉研究』119号、113-118頁

横山美江 & Hakulinen-Viitanen, Tuovi（2015）「フィンランドの母子保健システムとネウボラ」『保健師ジャーナル』Vol. 71、No.07、598-604頁

Hakulinen-Viitanen, Tuovi et al. 2012 *Laaja terveystarkastus. Ohjeistus äitiys- ja lastenneuvolatoimintaan sekä kouluterveydenhuoltoon*, Opas 22, Helsinki: Terveyden ja hyvinvoinnin laitos

Hastrup, Arja & Puura, Kaija 2011a Raskaudenaikainen vanhemman ja syntyvän lapsen vuorovaikutusta tukeva haastattelu, - lomake, THL
https://www.thl.fi/documents/732587/741077/VAVU_raskauden_aikainen_haastattelu_1.pdf（2015年8月28日アクセス）

Hastrup, Arja & Puura, Kaija 2011b Lapsen syntymää seuraava vuorovaikutusta tukeva haastattelu, - lomake, THL
https://www.thl.fi/documents/732587/741077/VAVU_lapsen_syntymaa_seuraava_haastattelu2.pdf（2015年8月28日アクセス）

Helsingin kaupunki 2015a "Äitiysneuvolapalvelut"（2015年6月1日付）, Sosiaali- ja terveysvirasto
http://www.hel.fi/hki/terke/fi/terveyspalvelut/neuvolapalvelut/_itiysneuvolapalvelut （2015年9月5日アクセス）

Helsingin kaupunki 2015b "Lastenneuvolapalvelut"（2015年4月9日付）, Sosiaali- ja terveysvirasto
http://www.hel.fi/hki/terke/fi/Terveyspalvelut/Neuvolapalvelut/Lastenneuvolapalvelut#maaraaikaistarkastusohjelma （2015年9月5日アクセス）

Korppi-Tommola, Aura 2015a "Neuvontatyö alkoi 1890- luvulla", http://www.ylppo.fi/neuvontatyo_alkoi_1890-luvulla（2015年8月27日アクセス）

Korppi-Tommola, Aura 2015b "Sophie Mannerheim ja Lastenlinna", http://www.ylppo.fi/sophie_mannerheim（2015年8月27日アクセス）

Paavilainen, Eija & Flinck, Aune 2008 *Lasten kaltoinkohtelun tunnistaminen ja siihen puuttuminen. Hoitotyön suositus*, Hoitotyön Tutkimussäätiö
http://www.hotus.fi/system/files/Lasten_kaltoinkohtelun_tunnistaminen.pdf（2014年8月10日アクセス）
英語版 *Identification of and intervention in child maltreatment. A clinical practice guideline*
http://www.hotus.fi/system/files/Child_maltreatment_identification_ENG.pdf（2014年8月10日アクセス）

Pulma, Panu 1987 "Kerjuuluvasta perhekuntoutukseen. Lapsuuden yhteiskunnallistuminen ja lastensuojelun kehitys Suomessa", Panu Pulma & Oiva Turpeinen, *Suomen lastensuojelun historia*, Helsinki: Lastensuojelun Keskusliitto, 7-266

Puura, Kaija & Hastrup, Arja 2011 "Varhaista vuorovaikutusta tukeva haastattelu, Vavu", Päivi Mäki, et al.（eds）*Terveystarkastukset lastenneuvolassa & kouluterveydenhuollossa*: *Menetelmäkäsikirja*, Helsinki: THL, 97-103

Sariola, Heikki 2012 *Kuristusväkivaltaa koskevat asenteet ja lapsiin kohdistuvan väkivallan kehitystrendejä Suomessa, Lastensuojelun Keskusliiton Taloustutkimuksella teettämän kyselyn tulokset*, Lastensuojelun Keskusliitto,
http://www.lskl.fi/files/1336/LSKL_Kuritus vakivaltaa_koskevat_asenteet_

ja_lapsiin_kohdistuvan_vakivallan_kehitystrendeja_Suomessa.pdf（2014年8月24日アクセス）

Seikkula, Jaakko & Arnkil, Tom Erik 2009［第2版］*Dialoginen verkostotyö*, Helsinki: Terveyden ja hyvinvoinnin laitos（初版2005）
http://urn.fi/URN:NBN:fi-fe201205084999（2015年9月20日アクセス）
英語版 *Dialogical Meetings in Social Networks*, published by Karnac Books in 2006.

Tallberg, Marianne 2000 "Mannerheim, Sophie（1853-1928）", Biographiakeskus, Suomen Kirjallisuuden Seura,
http://www.kansallisbiografia.fi/kb/artikkeli/3546/（2015年9月2日アクセス）

Tampereen kaupunki 2015a "Perheneuvola", http://www.tampere.fi/perhejasosiaalipalvelut/perheneuvola.html（2015年9月2日アクセス）

Tampereen kaupunki 2015b *Lapsiperheiden kotipalvelun ja perhetyön kriteerit*,（2015年2月1日付）
http://www.tampere.fi/material/attachments/k/G4byxIfYq/ Kotipalvelun_kriteerit.pdf（2015年9月2日アクセス）

THL（Terveyden ja hyvinvoinnin laitos）2012 *Meille tulee vauva – opas vauvan odotukseen ja hoitoon*
https://www.thl.fi/documents/732587/741077/meille_tulee_vauva.pdf（2015年9月12日アクセス）
英語版 *We're having a baby – A guidebook for expectant parents*（2012）
https://www.thl.fi/documents/605877/747474/Were_having_a_baby_2012.pdf （2015年9月12日アクセス）

THL 2015a "Varhainen avoin yhteistoiminta ja dialogiset menetelmät", *Lapset, nuoret ja perheet – Kasvun kumppani*,
https://www.thl.fi/fi/web/lapset-nuoret-ja-perheet/tyon_tueksi/varhainen-avoin-yhteistoiminta（2015年8月28日アクセス）

THL 2015b "Dialogisuus ammattilaisen ja perheen välillä", *Lapset, nuoret ja perheet – Kasvun kumppani*,
https://www.thl.fi/fi/web/lapset-nuoret-ja-perheet/tyon_tueksi/varhainen-avoin-yhteistoiminta/dialogisuus_ammattilaisen _ja_perheen_valilla（2015

年8月28日アクセス）
Tiitinen, Aili 2014 “Äitiysneuvolaseuranta”, *Lääkärikirja Duodecim* 28.10.2014, http://www.terveyskirjasto.fi/terveyskirjasto/tk.koti?p_artikkeli=dlk00186 （2015年9月12日アクセス）
Turpeinen, Oiva 1987 "Lastensuojelu ja väestökehitys. Lastensuojelun lääkinnöllinen ja sosiaalinen kehitys Suomessa", Panu Pulma & Oiva Turpeinen, Suomen lastensuojelun historia, Helsinki: Lastensuojelun Keskusliitto, 269-446
Valtioneuvoston asetus seulonnoista（検査に関する法令）http://www.finlex.fi/fi/laki/alkup/2011/20110339（2015年9月1日アクセス）
Valtiovarainministeriö 2015 “Kokeilukunnat – Kuntien tavoitteet ja tilannekatsaus kevät 2015” http://vm.fi/documents/10623/1230344/Kokeilukunnat+esittely/15570464-c314-4fbc-a43f-b2be8986a438（2015年9月1日アクセス）
Vaittinen, Pirjo 2011 *Luottamus terveydenhoitajan ja perheen asiakassuhteen moraalisena ulottuvuutena*, Doctoral dissertation, The University of Eastern Finland, http://epublications.uef.fi/pub/urn_isbn_978-952-61-0574-1/urn_isbn_978-952-61-0574-1.pdf（2015年10月8日アクセス）

あとがき　ネウボラの再発見、対話と信頼が安心への道標

現在のフィンランドの子育て家族支援の制度（5章・図9）をながめていると、つい忘れがちなことがあります。それは、4章の図7で描いたような、萌芽・地域活動から制度化への立体的で躍動感あふれる展開です。今ある制度の多くは、北欧型福祉国家が市民に与えてきたというよりは、地域の市民・民間の取り組みと創意工夫をきっかけ・原動力として、試行錯誤の積み重ねの基盤の上にあります。

ネウボラも、現在のフィンランドでは、あってあたりまえのように思われています。しかし、これも上からの指示待ちでは生まれてはこなかったか、発足が遅くなったであろうと推量されます。近年、フィンランドでは、地域での医療サービスは公営から民営へと軸足が移っているなかで、ネウボラは公営であり続けています。民間のネウボラは、都市部では、ところどころ開設されてはいますが、従来からのネウボラとの明確な差異化に至らないようです。つまり、ネウボラは、エッセンスともいえる理念を踏み外さず、誰にとっても身近で頼りになる公営のサポートとして市民の信頼を得ています。

地域での自発的な民間の支援活動、市町村自治体のモデル事業、評価・研究知見をふまえた制度化、そしてさらに、効果についての政策評価・研究知見の蓄積という、下から上への制度形成のパターンは、ネウボラ以外にも、就学前教育（プレスクール：1980年代から市町村自治体で実績を積み上げ、2000年に制度化）、高齢者向けグループホーム（1970年代の民間グループの地域での精

神障がい者社会復帰支援・グループホーム試行を出発点として1990年代に普及）などの例があります。

フィンランドの民間団体も活動内容や規模において実に多様で、古くからの団体もあれば、生まれたばかりの団体もあります。所定の手続きで法人格を有する「登録団体（r.y.）」として各種の資金援助制度を活用しながら、地域社会の課題に取り組むグループも少なくありません。

地域での日々の暮らしに根ざす問題意識には終わりはないでしょう。なんらかの形で子育て家族への支援に直接・間接にかかわるきっかけも人それぞれです。地域活動のグループは散逸していくこともあれば、共鳴・共感し合える新たなつながりが突破口となって予想もしない展開に至ることもあります。

ところで、著者は、かつてフィンランドで10年近く暮らしていたにもかかわらず、当時はネウボラの存在にほとんど気づかずに過ごしてしまいました。フィンランドの大学院では、保健ではなく福祉の専攻だったためなのかもしれませんが、ほかの院生たちの研究テーマにも、ネウボラはほとんど登場していませんでした。

このようにして、ネウボラとすれ違ったまま歳月が流れていきました。自身の出産・子育ては日本にもどってからのこと。まだ妊婦健診が全面的に自己負担で産休中の経済保障も手薄、多くのことが未整備な時期でした。その1990年代末当時に比べれば、日本でも妊婦健診の費用のカバーをはじめとして、現在では格段の改善がみられます。ただし、少子化は未解決のままです。

2014年の春、日本国内のある古民家での勉強会をきっかけに、著者はネウボラを再発見したと言って過言ではありません。古民家の大広間にはさまざまな立場の人たちが自発的に集まり、参加者の目線にほとんど上下がない空間での語り合い、同じ畳をしっかりと踏みしめる足元の安定感――友人でも親族でもない人々に囲まれていながら、不安でも孤独でもないこの不思議な安心感は、なんなのだろうかと、その古民家の縁側に腰かけながら自問していました。

こうして古民家でネウボラに出会わなければ、著者はおそらく、モノローグ的な研究活動の殻に閉じこもり続けていたであろうと思われます。当事者中心という言葉は専門用語として見知っているつもりでも、肝心の「対話」についての理解を欠いたままでいたかもしれません。自主勉強会（NPOここよみ主催）の畳の上で共感を体感する機会をいただいたように思います。立場やアプローチは違っても、誰もが地域で安心して暮らせるように地道な活動をされている方々とも出会えました。

ネウボラの世界を探索する旅は始まったばかり。制度論だけでなく、支え合う人間関係を考える「対話」についても掘り下げる余地がまだ多く残っています。やや拙速かもしれないと逡巡しつつも、できるだけ早くネウボラについてお伝えしたかった―― 本書執筆の動機はこのひと言に尽きます。

末筆になりましたが、堀内都喜子さんをはじめフィンランド大使館広報部のみなさま、出版をお引き受けくださったかもがわ出版、レイアウト・装丁を手がけてくださったデザイナーの青山鮎さんには、本書の制作にあたりたいへんお世話になりました。ネウボラに関するさまざまな勉強会や研修での質疑応答からも、大いにインスピレーションをいただきました。ネウボラを介してめぐりあえたすべての方々に感謝いたします。

この本を手にし読んでくださるみなさまに、少しでもお役に立てば幸いです。

後楽園の紅葉に深まりゆく秋を感じつつ

髙橋睦子

髙橋睦子（たかはし・むつこ）プロフィール

吉備国際大学保健医療福祉学部教授（福祉政策論）・大学院社会福祉学研究科長。
京都市出身、大阪外国語大学（現・大阪大学）デンマーク語科卒業。外務省（語学専門職、本省、在フィンランド日本国大使館書記官）勤務の後、研究者へと転身しフィンランド・タンペレ大学で日本人としてはじめて博士号を取得（社会政策、1995年）。宮崎国際大学比較文化学部と島根県立大学総合政策学部を経て、2006年から吉備国際大学勤務。
社会政策学会、福祉社会学会、国際社会学会、ヨーロッパ社会学会、フィンランド社会政策学会、東アジア社会政策リサーチ・ネットワーク（EASP）などのメンバー。フィンランドを主要な研究フィールドとしつつ、東アジアや欧米の研究者たちとの交流に触発されてきた。主な研究テーマは、子育て家族への支援、虐待・暴力問題のリスク。

●主要著作（2005年以降）
『離別後の親子関係を問い直す――子どもの福祉と家事実務の架け橋をめざして』（共編著）法律文化社、2016年
『子育て世代が住みたいと思うまちに――思春期から妊娠、出産、子育てまでの切れ目ない支援の取組み』（共著）第一法規、2014年
『子どもと家族にやさしい社会 フィンランド――未来へのいのちを育む』（共編著）2009年
『世界の幼児教育・保育改革と学力』（共著）2008年
『安心・平等・社会の育み　フィンランドの子育てと保育』（共著）2007年
『フィランドに学ぶ教育と学力』（共著）2005年、以上明石書店

●主要論文
「日本の赤ちゃんを包む社会制度」『こころの科学』166, 64-69, 2012年

●監訳書
『別れる？　それともやり直す？――カップル関係に悩む女性のためのガイド』2016年
『フィンランド中学校現代社会教科書―― 15歳市民社会へのたびだち』2011年
『DV・虐待 加害者の実体を知る：あなた自身の人生を取り戻すためのガイド』2008年、ともに明石書店

●訳書
『情報社会と福祉国家――フィンランド・モデル』M.カステル＆ P.ヒマネン著、ミネルヴァ書房、2005年

● 謝辞：本書は、JSPS科研費15K13106の助成を受けた研究の成果報告の一部である。

●写真撮影
前見返し　©Jussi Hellstén
後ろ見返し　©Antje Neumann
カバー表紙　©Kimmo Brandt
オビ裏表紙　©Riitta Supperi

●写真提供
フィンランド大使館　p.2,6
藤田景子　p.3
髙橋睦子

●デザイン
カバー・本文デザイン、DTP　青山 鮎

ネウボラ　フィンランドの出産・子育て支援

2015年12月15日　第1刷発行
2017年10月30日　第3刷発行

著　者●髙橋睦子©
発行者●竹村正治
発行所●株式会社　かもがわ出版
〒602-8119　京都市上京区堀川通出水西入
TEL 075-432-2868　FAX 075-432-2869
振替　01010-5-12436
ホームページ　http://www.kamogawa.co.jp
印刷所●シナノ書籍印刷株式会社
ISBN 978-4-7803-0812-9　C0036

©Antje Neumann